이것만 알면 무조건 통하는

아주 쉬운
영어 이메일
공식

이것만 알면 무조건 통하는

아주 쉬운

TO.

@

허지윤 지음

영어를 못해도
영어 이메일을 쓸 수 있다

영어 이메일
공식 Send

토마토
출판사

목차

🔍 2. [서론] 무슨 말부터 시작하지?

TIP1. 수신자에 맞는 높낮이 톤으로 시작하라
TIP2. 내 소개는 수신자와의 관계를 고려하라
TIP3. 때로는 업무적인 문장으로 바로 시작하라

🔍 3. [본론] 이렇게 표현해도 되겠구나!

🔍 4. [결론] 정중하게 마무리 하기

🔍 5. [이메일 공식] 그대를 위한 이메일 치트키

1.

[제목]은
어떻게 쓰지?

사람마다 이메일 쓰는 방식이 다양하다. 제목부터 작성하고 본론을 쓰는 경우도 있고, 또 반대로 본론을 다 쓰고 난 후에 제목을 생각하기도 한다. 여러 유형이 있 겠지만, **비즈니스 영어 이메일에 익숙하지 않는 사람이라면 본문을 다 작성한 후 에 제목을 쓰는 방법**을 권한다.

TIP1. 반드시 핵심단어를 넣어라

이메일 제목은 subject 라고 한다. 제목이 들어가는 제목줄을 핵심한 문장으로 축약해서 쓰는 만큼 전달할 내용의 가장 핵심 단어가 들어가야 한다.

TIP2. 간결하고 임팩트 있는 톤을 고려하라

이메일도 상황에 따라 고유의 톤(tone)이 있다. 상냥한 편지 형식으로 쓰는 경우라면 제목을 길게 적어도 좋지만, 우리가 중점적으로 배우게 될 비즈니스 이메일을 쓰는 경우라면 간결하고 임팩트 있게 써야 한다. 하지만 너무 간결한 내용은 자칫 무례하게 보일 수 있기 때문에 간결하지만 형식에 맞는 톤으로 쓰는 것이 중요하다.

TIP3. 문법적인 문장 순서는 잊어라

제목은 본문에 대한 내용을 가장 함축적으로 적어두는 핵심 문장이다. 우리는 문장을 꼭 '주어 + 동사'로 문법적으로 생각하지 만 이메일에서 제목을 간결하게 쓸 때는 '주어 + 동사'의 순서는 과감하게 잊어도 된다.

1. 과감하게
동사로 시작해보자

이메일 제목을 쓸 때 내용을 강조하기 위해 subject line을 아예 동사로 시작하는 경우가 있다. 동사로 시작한다고 해서 우리가 알고 있는 명령형의 문장이 아님을 유의해야 한다. 단순히 이메일 본문 내용을 강조하기 위함이며 주로 긍정적인 내용을 전달하고자 할 때 동사로 시작하는 것이 좋다.

<답장/답변할 때의 제목>

1) 상대방의 메일에 답장할 때

'Reply / Respond / Get back to / Explain to' 등의 동사로 시작한다.

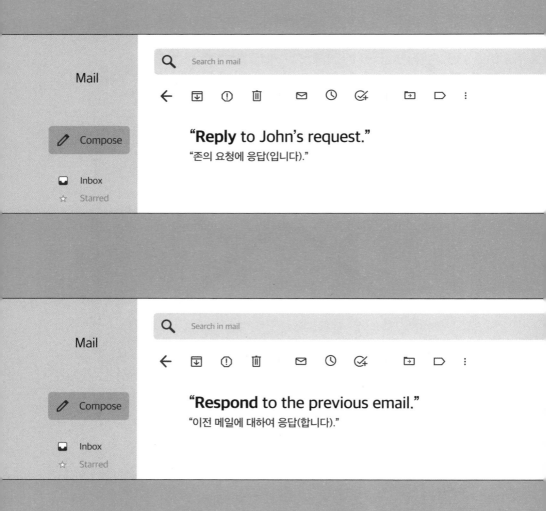

Mail

Q Search in mail

Compose

Inbox
☆ Starred

"Reply to John's request."
"존의 요청에 응답(입니다)."

Mail

Q Search in mail

Compose

Inbox
☆ Starred

"Respond to the previous email."
"이전 메일에 대하여 응답(합니다)."

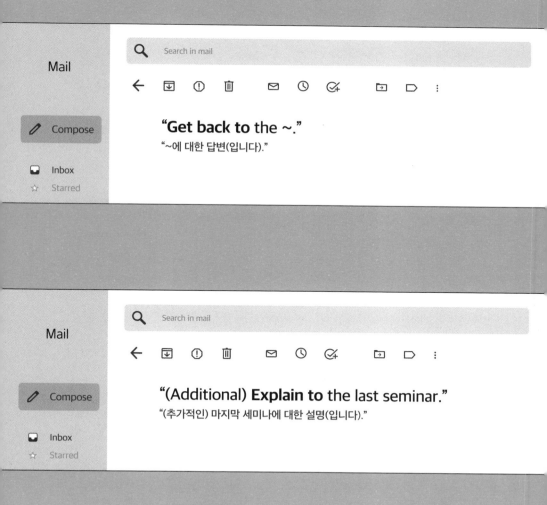

Mail

Search in mail

←

"Get back to the ~."
"~에 대한 답변(입니다)."

✎ Compose

📥 Inbox
☆ Starred

Mail

Search in mail

←

"(Additional) Explain to the last seminar."
"(추가적인) 마지막 세미나에 대한 설명(입니다)."

✎ Compose

📥 Inbox
☆ Starred

<답장/답변할 때의 제목>

2) 후속 조치에 대해 답변할 때

'Follow up / Check on / Remind / Get back to / Keep' 등의 동사로 시작한다.

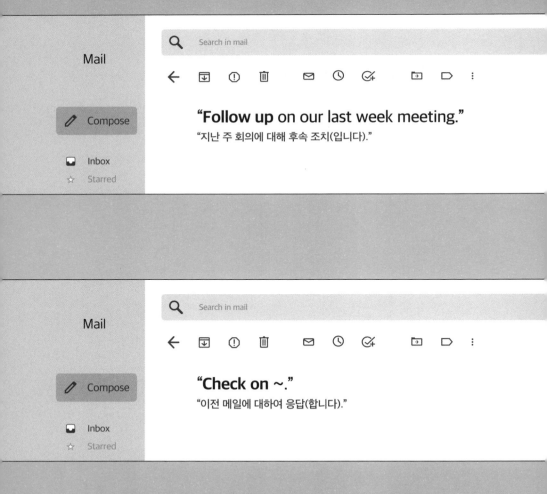

Mail

Q   Search in mail

←

"Follow up on our last week meeting."
"지난 주 회의에 대해 후속 조치(입니다)."

/ Compose

📥 Inbox
☆ Starred

Mail

Q   Search in mail

←

"Check on ~."
"이전 메일에 대하여 응답(합니다)."

/ Compose

📥 Inbox
☆ Starred

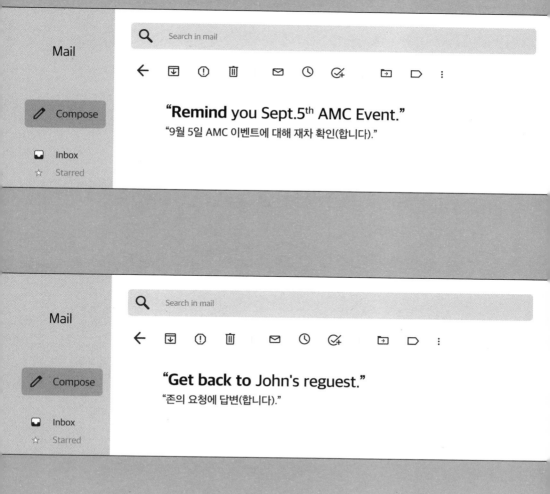

Mail

🔍 Search in mail

← 📥 ⓘ 🗑   ✉ 🕐 ✅   📁 🏷 ⋮

"**Remind** you Sept.5ᵗʰ AMC Event."
"9월 5일 AMC 이벤트에 대해 재차 확인(합니다)."

✏ Compose

📥 Inbox
☆ Starred

Mail

🔍 Search in mail

← 📥 ⓘ 🗑   ✉ 🕐 ✅   📁 🏷 ⋮

"**Get back to** John's reguest."
"존의 요청에 답변(합니다)."

✏ Compose

📥 Inbox
☆ Starred

Mail

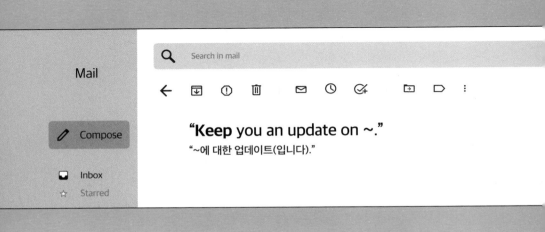

Q Search in mail

"**Keep** you an update on ~."
"~에 대한 업데이트(입니다)."

Compose

Inbox

Starred

<메일 보내는 주체를 소개할 때의 제목>

3) 메일 보내는 주체를 소개할 때

'Hello / Introduce / Represent / Welcome' 등의 동사로 시작한다.

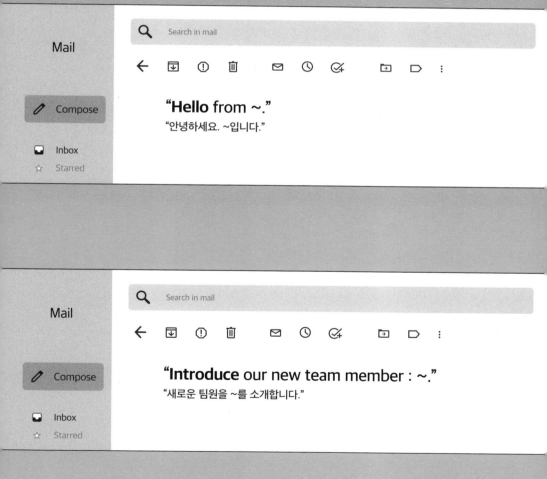

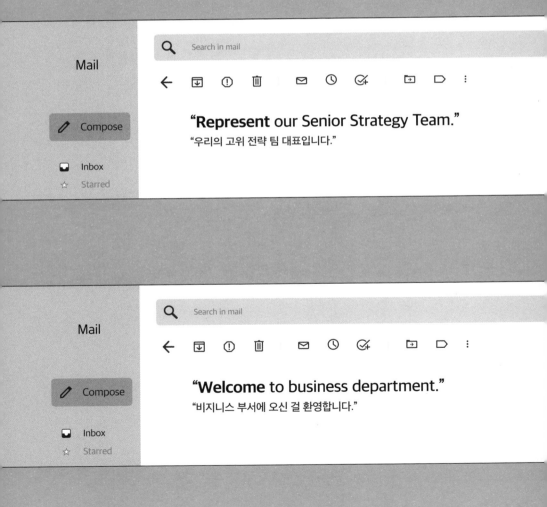

Mail

Q Search in mail

← 🔽 ① 🗑 ✉ 🕐 ☑ ➡ 🏷 ⋮

"Represent our Senior Strategy Team."
"우리의 고위 전략 팀 대표입니다."

✏ Compose

📥 Inbox
☆ Starred

Mail

Q Search in mail

← 🔽 ① 🗑 ✉ 🕐 ☑ ➡ 🏷 ⋮

"Welcome to business department."
"비지니스 부서에 오신 걸 환영합니다."

✏ Compose

📥 Inbox
☆ Starred

<메일 보내는 주체를 소개할 때의 제목>

4) 메일 보내는 주체가 누군가를 대신할 때

'Substitute for / Cover for / Alternate' 등의 동사로 시작한다.

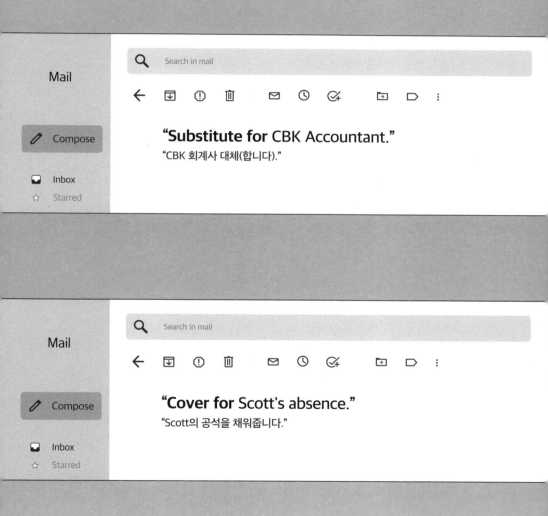

Mail

Q Search in mail

"Substitute for CBK Accountant."
"CBK 회계사 대체(합니다)."

Compose

Inbox
☆ Starred

Mail

Q Search in mail

"Cover for Scott's absence."
"Scott의 공석을 채워줍니다."

Compose

Inbox
☆ Starred

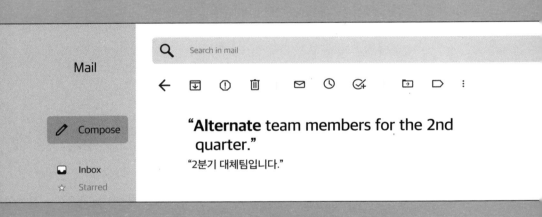

Mail

Q Search in mail

Compose

Inbox

Starred

"**Alternate** team members for the 2nd quarter."

"2분기 대체팀입니다."

<메일 보내는 주체를 소개할 때의 제목>

5) 부재중/퇴사를 알릴 때

‘Be off / Resign / Take a Break’ 등의 동사로 시작한다.

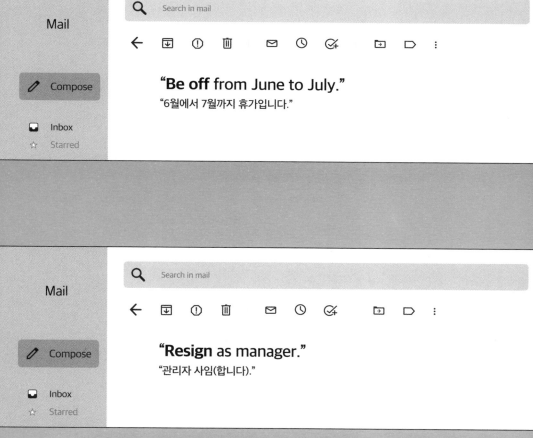

Mail

🔍 Search in mail

← ↧ ① 🗑 ✉ 🕐 ☑ → ▷ ⋮

"Be off from June to July."
"6월에서 7월까지 휴가입니다."

Mail

🔍 Search in mail

← ↧ ① 🗑 ✉ 🕐 ☑ → ▷ ⋮

"Resign as manager."
"관리자 사임(합니다)."

* '회사에서 짤리다/ 그만두다'는 표현으로는 get fired라는 표현을 회화에서 사용하고 있지만, 문서에서는 resign이라는 표현을 쓴다.

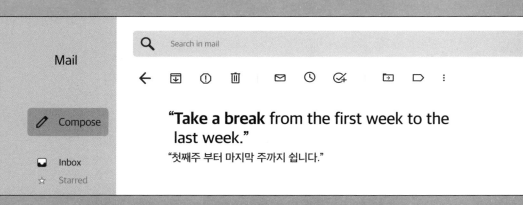

Mail

🔍 Search in mail

✏️ Compose

📥 Inbox

☆ Starred

"Take a break from the first week to the last week."

"첫째주 부터 마지막 주까지 쉽니다."

* 이 표현은 이메일의 제목으로 사용 시 동사보다는 명사로 사용한다.

<상대방에게 무엇인가를 요청할 때의 제목>

6) 이메일/일정/정보를 확인하라고 요청할 때

'Verify / Alert / Confirm / Check out / Remember' 등의 동사로 시작한다.

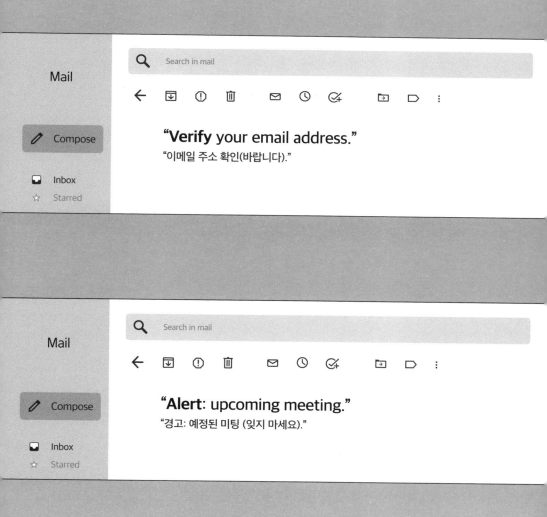

Mail

Compose

Inbox
Starred

"Verify your email address."
"이메일 주소 확인(바랍니다)."

Mail

Compose

Inbox
Starred

"Alert: upcoming meeting."
"경고: 예정된 미팅 (잊지 마세요)."

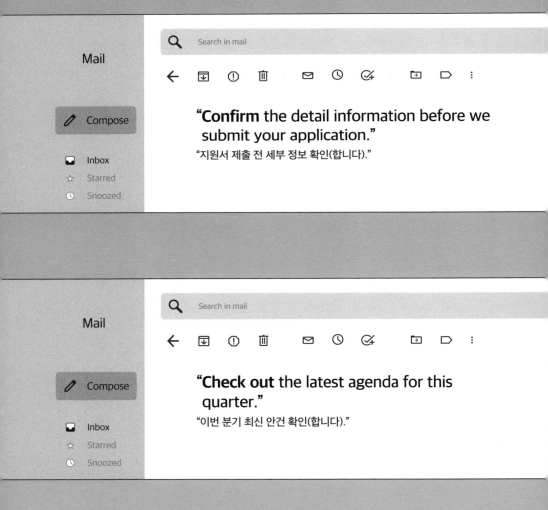

Mail

Q Search in mail

← ↧ ① 🗑 ✉ 🕐 ✅ ➡ 🏷 ⋮

"Confirm the detail information before we submit your application."

"지원서 제출 전 세부 정보 확인(합니다)."

✏ Compose

📥 Inbox
☆ Starred
🕐 Snoozed

Mail

Q Search in mail

← ↧ ① 🗑 ✉ 🕐 ✅ ➡ 🏷 ⋮

"Check out the latest agenda for this quarter."

"이번 분기 최신 안건 확인(합니다)."

✏ Compose

📥 Inbox
☆ Starred
🕐 Snoozed

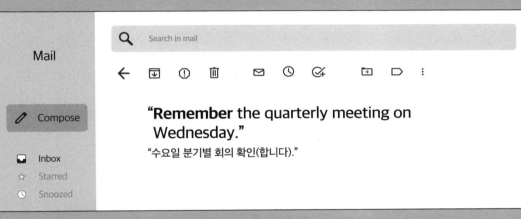

Mail

Q Search in mail

← ⊡ ① 🗑 ✉ 🕐 ☑ ⊡ ▷ ⋮

/ Compose

⬜ Inbox
☆ Starred
🕐 Snoozed

"Remember the quarterly meeting on Wednesday."

"수요일 분기별 회의 확인(합니다)."

* 수요일 미팅 때 해야 할 이야기를 하단에 간결이 적어서 함께 보내면 좋다.

<상대방에게 무엇인가를 요청할 때의 제목>

7) 상대방에게 무엇인가를 요청할 때 - 1

'Request / Inform / Let us / Let me / Contact' 등의 동사로 시작한다.

* 강력하게 요청하는 경우는 문장의 앞을 동사로 시작함으로 강한 문장을 만들 수 있지만, 무례하게
보이지 않기 위해서 'Sincerely' 혹은 'Please'를 동사 앞에 사용한다.

Mail

Q Search in mail

← ⤵ ① 🗑 ✉ 🕐 ✅ 📥 🏷 ⋮

"(Sincerely) Request from IT department."

"(진심으로) IT 부서에 요청(바랍니다)."

✏ Compose

📥 Inbox
☆ Starred
🕐 Snoozed

Mail

Q Search in mail

← ⤵ ① 🗑 ✉ 🕐 ✅ 📥 🏷 ⋮

"Inform us of our new agenda."

"새로운 의제 전달 요망(합니다)."

✏ Compose

📥 Inbox
☆ Starred
🕐 Snoozed

Mail

🔍 Search in mail

← 🔽 ⓘ 🗑   ✉ 🕐 ☑   📥 🏷 ⋮

✏ Compose

📥 Inbox
☆ Starred
🕐 Snoozed

"(Please) let us know the update from Katie."
"(가능하다면) Katie의 상황을 업데이트(해주세요)."

Mail

🔍 Search in mail

← 🔽 ⓘ 🗑   ✉ 🕐 ☑   📥 🏷 ⋮

✏ Compose

📥 Inbox
☆ Starred
🕐 Snoozed

"Let me know if you need additional information."
"추가 정보가 필요하면 알려주기 바랍니다."

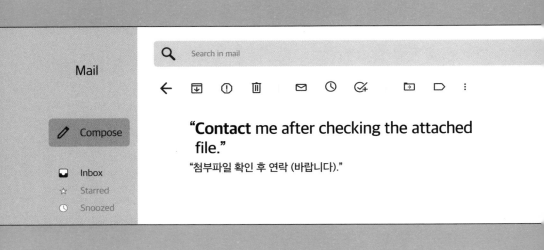

Mail

🔍 Search in mail

✏️ Compose

📥 Inbox
⭐ Starred
🕐 Snoozed

"**Contact** me after checking the attached file."

"첨부파일 확인 후 연락 (바랍니다)."

<상대방에게 무엇인가를 요청할 때의 제목>

8) 상대방에게 무엇인가를 요청할 때 - 2

요청 혹은 강요하는 이메일의 경우 긴박함을 나타내기 위해서 제목을 강하게 표현할 수 있지만 이메일에서의 톤은 아주 중요함으로 강요를 하는 경우엔 동사로 시작하며 동사 앞에 [Please]를 써주는 것이 자연스러운 내용으로 이끌어갈 수 있다.

'See / Require / Take steps to / Cope with / Handle / Complete' 등의 동사로 시작한다.

Mail

Search in mail

Compose

Inbox
Starred
Snoozed

"See the attached file."
"추가한 파일을 참조하세요."

Mail

Search in mail

Compose

Inbox
Starred

"Require your signature on the attached file."
"첨부 파일에 서명 필요(합니다)."

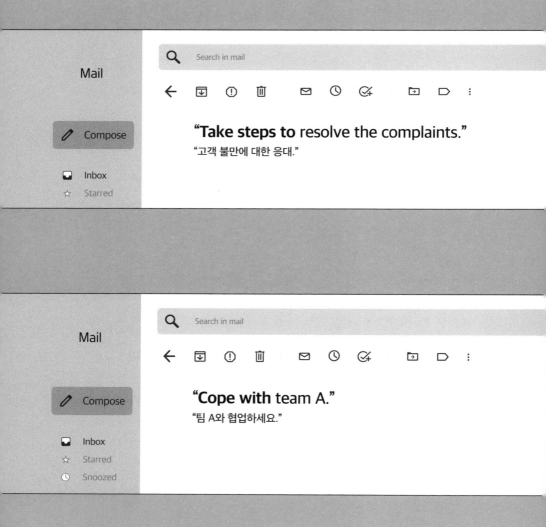

Mail

Q Search in mail

← ⊡ ① 🗑 ✉ 🕐 ☑ ⬛ ▷ ⋮

"Take steps to resolve the complaints."
"고객 불만에 대한 응대."

✎ Compose

📥 Inbox
☆ Starred

Mail

Q Search in mail

← ⊡ ① 🗑 ✉ 🕐 ☑ ⬛ ▷ ⋮

"Cope with team A."
"팀 A와 협업하세요."

✎ Compose

📥 Inbox
☆ Starred
🕐 Snoozed

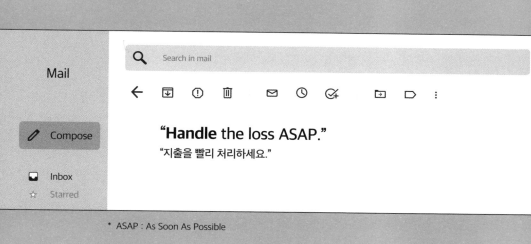

Mail

Q Search in mail

← ⤓ ⓘ 🗑 ✉ 🕐 ✅ ⤴ ▷ ⋮

"**Handle** the loss ASAP."
"지출을 빨리 처리하세요."

✎ Compose

📥 Inbox
☆ Starred

* ASAP : As Soon As Possible

Mail

Q Search in mail

← ⤓ ⓘ 🗑 ✉ 🕐 ✅ ⤴ ▷ ⋮

"(Please) **Complete** the attached tasks immediately."
"첨부된 작업을 즉시 완료 (부탁드립니다)."

✎ Compose

📥 Inbox
☆ Starred
🕐 Snoozed

<상대방에게 무엇인가를 요청할 때의 제목>

9) 수정 사항에 대해 요청할 때

'Change / Edit / Revise / Reconsider / Correct' 등의 동사로 시작한다.

Q Search in mail

"Change the last section on page 4."
"마지막 4페이지를 변경해주세요."

Mail

Compose

Inbox
Starred

Q Search in mail

"Edit the attached content."
"첨부된 내용 편집(해주세요)."

Mail

Compose

Inbox
Starred

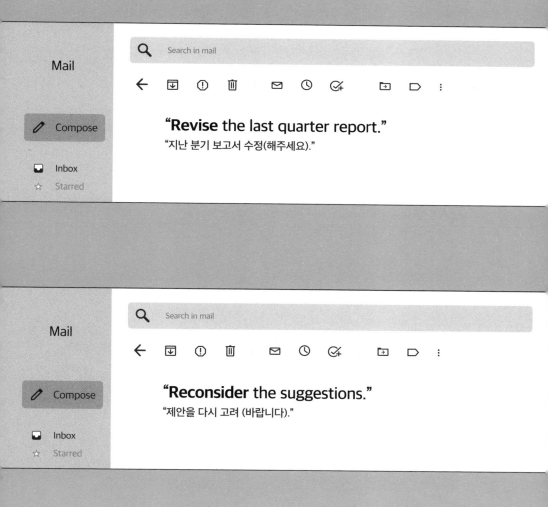

Mail

Q Search in mail

← 🔽 ① 🗑 ✉ 🕐 ✓ ↪ ▭ ⋮

"Revise the last quarter report."
"지난 분기 보고서 수정(해주세요)."

✏ Compose

📥 Inbox
☆ Starred

Mail

Q Search in mail

← 🔽 ① 🗑 ✉ 🕐 ✓ ↪ ▭ ⋮

"Reconsider the suggestions."
"제안을 다시 고려 (바랍니다)."

✏ Compose

📥 Inbox
☆ Starred

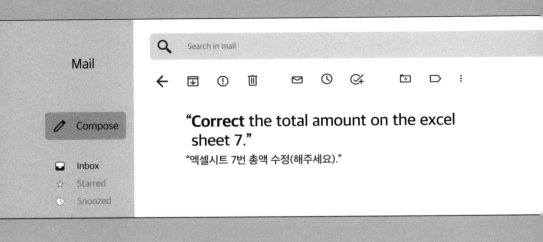

Mail

🔍 Search in mail

✏️ Compose

📥 Inbox
☆ Starred
🕐 Snoozed

"**Correct** the total amount on the excel sheet 7."

"엑셀시트 7번 총액 수정(해주세요)."

<상대방에게 무엇인가를 요청할 때의 제목>

10) 자세한 내용을 알려달라고 요청할 때

'Find out / Check if / See / Share / Inform' 등의 동사로 시작한다.

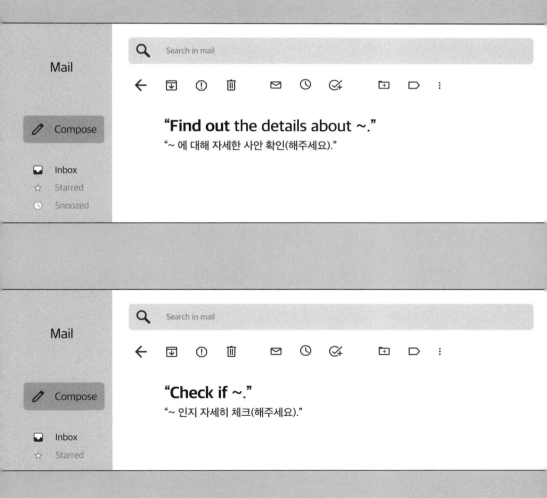

Mail

Search in mail

"Find out the details about ~."
"~ 에 대해 자세한 사안 확인(해주세요)."

✎ Compose

📥 Inbox
☆ Starred
🕐 Snoozed

Mail

Search in mail

"Check if ~."
"~ 인지 자세히 체크(해주세요)."

✎ Compose

📥 Inbox
☆ Starred

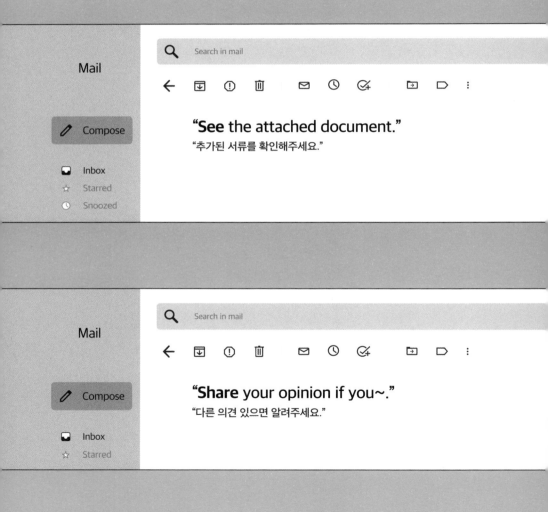

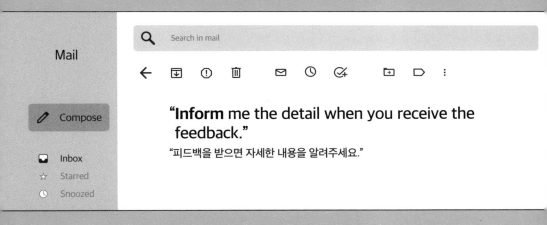

Mail

Q Search in mail

←

Compose

Inbox
Starred
Snoozed

"Inform me the detail when you receive the feedback."

"피드백을 받으면 자세한 내용을 알려주세요."

<상대방에게 무엇인가를 요청할 때의 제목>

11) 문제점이나 차이점에 대해 알아보라고 요청할 때

'Identify / Discriminate / Regard / Disintegrate / Diffrentiate' 등의 동사로 시작한다.

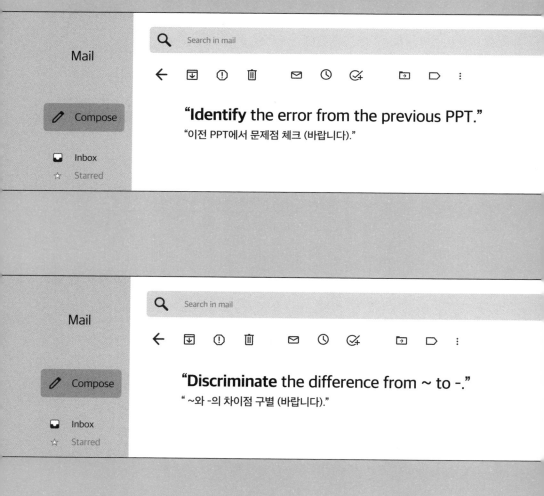

Mail

Q Search in mail

← ↓ ! 🗑 ✉ 🕐 ☑ ↪ ▷ ⋮

"**Identify** the error from the previous PPT."
"이전 PPT에서 문제점 체크 (바랍니다)."

✏ Compose

📥 Inbox
☆ Starred

Mail

Q Search in mail

← ↓ ! 🗑 ✉ 🕐 ☑ ↪ ▷ ⋮

"**Discriminate** the difference from ~ to -."
" ~와 -의 차이점 구별 (바랍니다)."

✏ Compose

📥 Inbox
☆ Starred

Mail

Q   Search in mail

← 📥 ① 🗑   ✉ 🕐 ☑️   📤 🏷 ⋮

"Regard as ___."
"___로 간주 (바랍니다)."

✎ Compose

📥 Inbox
☆ Starred

Mail

Q   Search in mail

← 📥 ① 🗑   ✉ 🕐 ☑️   📤 🏷 ⋮

"Disintegrate the July's report."
"7월 보고서 해체 (요망합니다)."

✎ Compose

📥 Inbox
☆ Starred

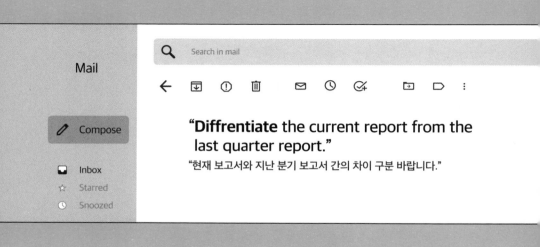

Mail

Q Search in mail

✏ Compose

📥 Inbox
☆ Starred
🕐 Snoozed

"Diffrentiate the current report from the last quarter report."
"현재 보고서와 지난 분기 보고서 간의 차이 구분 바랍니다."

<상대방에게 무엇인가를 요청할 때의 제목>

12) 신청/등록/예약에 대해 요청할 때

'Register / Submit / Apply for / Reserve' 등의 동사로 시작한다.

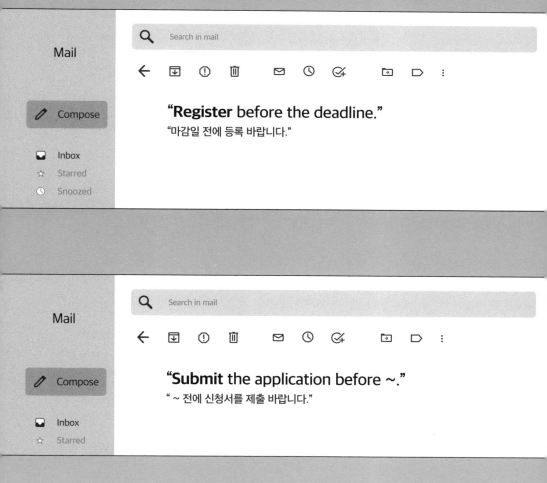

Mail

Q Search in mail

← ⬇ ① 🗑 ✉ 🕐 ✅ ➡ ▷ ⋮

"**Register** before the deadline."
"마감일 전에 등록 바랍니다."

Compose

📥 Inbox
☆ Starred
🕐 Snoozed

Mail

Q Search in mail

← ⬇ ① 🗑 ✉ 🕐 ✅ ➡ ▷ ⋮

"**Submit** the application before ~."
" ~ 전에 신청서를 제출 바랍니다."

Compose

📥 Inbox
☆ Starred

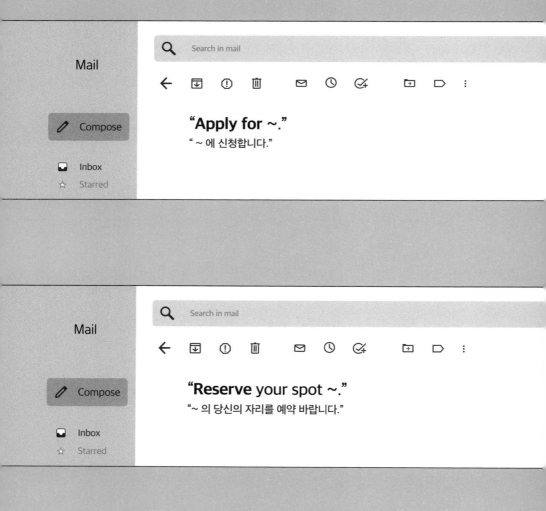

Mail

Q Search in mail

← ⬇ ⓘ 🗑 ✉ 🕐 ☑ ➡ 🏷 ⋮

Compose

"Apply for ~."
" ~ 에 신청합니다."

Inbox
☆ Starred

Mail

Q Search in mail

← ⬇ ⓘ 🗑 ✉ 🕐 ☑ ➡ 🏷 ⋮

Compose

"Reserve your spot ~."
"~ 의 당신의 자리를 예약 바랍니다."

Inbox
☆ Starred

<상대방에게 문의할 때의 제목>

13) 문의할 때

'Inquire of / Ask of' 등의 동사로 시작한다.

* 동사 ask 와 inquiry를 사용 할 때는 전치사 of 와 함께 사용 한다.

Mail

🔍 Search in mail

← 📥 ① 🗑 ✉ 🕐 ✅ 📁 🏷 ⋮

"Inquire of ~."
"~ 에 대하여 문의합니다."

✏ Compose

📭 Inbox
☆ Starred

Mail

🔍 Search in mail

← 📥 ① 🗑 ✉ 🕐 ✅ 📁 🏷 ⋮

"Ask of ~."
"~ 에 대하여 문의합니다."

✏ Compose

📭 Inbox
☆ Starred

<상대방에게 정보를 전달할 때의 제목>

14) 정보를 전달할 때

'Read / Share / Spread / Deliver / Inform' 등의 동사로 시작한다.

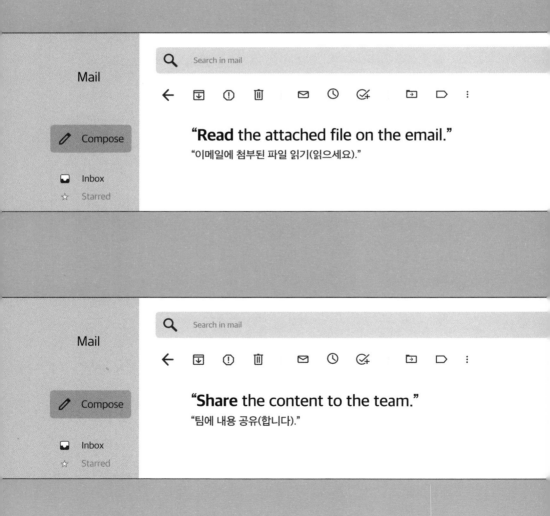

"Read the attached file on the email."
"이메일에 첨부된 파일 읽기(읽으세요)."

"Share the content to the team."
"팀에 내용 공유(합니다)."

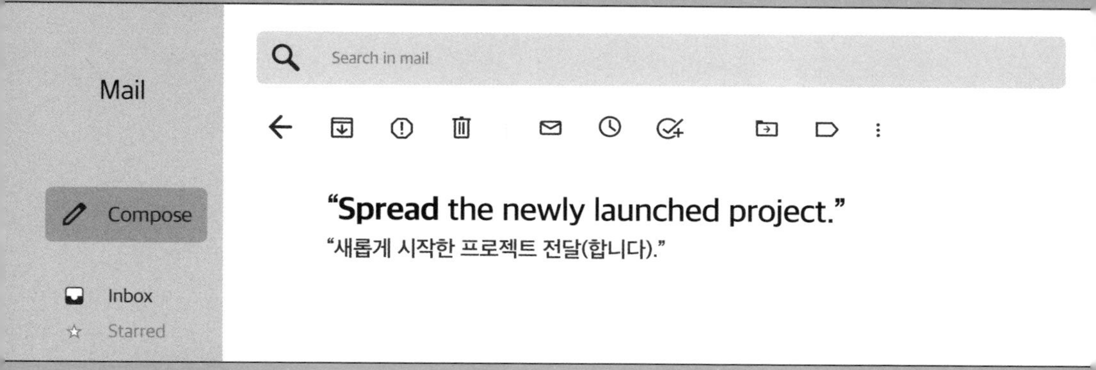

Mail

✎ Compose

📥 Inbox
☆ Starred

🔍 Search in mail

← 📥 ⓘ 🗑 ✉ 🕐 ☑ 📤 🏷 ⋮

"**Spread** the newly launched project."
"새롭게 시작한 프로젝트 전달(합니다)."

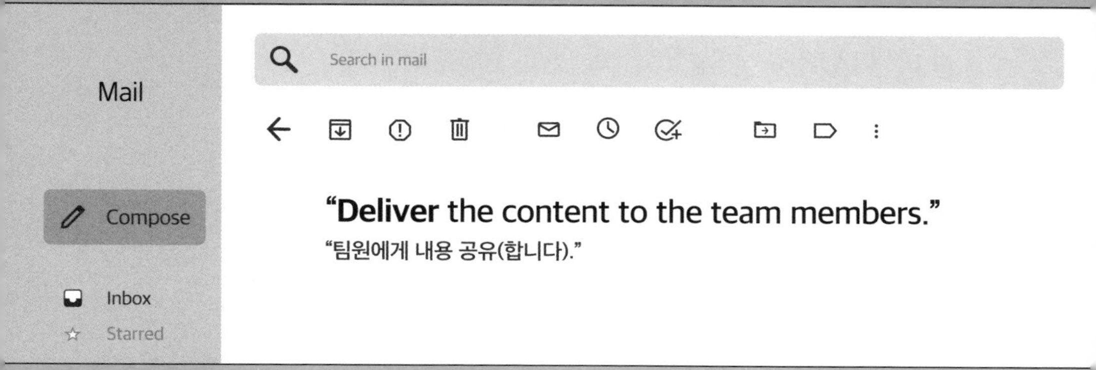

Mail

✎ Compose

📥 Inbox
☆ Starred

🔍 Search in mail

← 📥 ⓘ 🗑 ✉ 🕐 ☑ 📤 🏷 ⋮

"**Deliver** the content to the team members."
"팀원에게 내용 공유(합니다)."

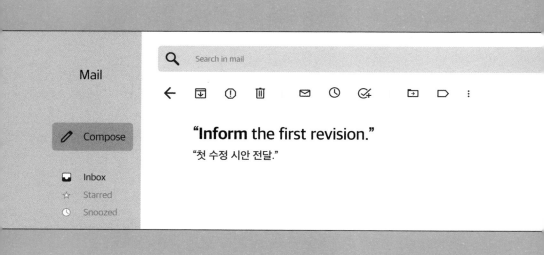

Mail

🔍 Search in mail

← 📥 ⓘ 🗑   ✉ 🕑 ✅   📩 🏷 ⋮

✏ Compose

📭 Inbox
☆ Starred
🕑 Snoozed

"**Inform** the first revision."

"첫 수정 시안 전달."

<상대방을 초대할 때의 제목>

15) 상대방을 초대할 때

'Join / Participate / Be / Allow us to ~' 등의 동사로 시작한다.

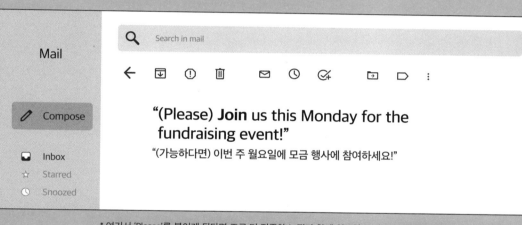

Q Search in mail

← 🔽 ① 🗑 ✉ 🕐 ☑ 🔲 🏷 ⋮

"(Please) Join us this Monday for the fundraising event!"

"(가능하다면) 이번 주 월요일에 모금 행사에 참여하세요!"

* 여기서 'Please'를 붙이게 된다면 조금 더 정중한 느낌과 함께 친근한 느낌으로 받아들여진다.

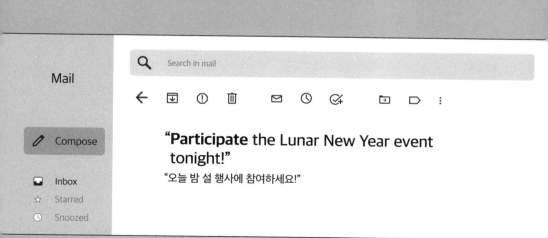

Q Search in mail

← 🔽 ① 🗑 ✉ 🕐 ☑ 🔲 🏷 ⋮

"Participate the Lunar New Year event tonight!"

"오늘 밤 설 행사에 참여하세요!"

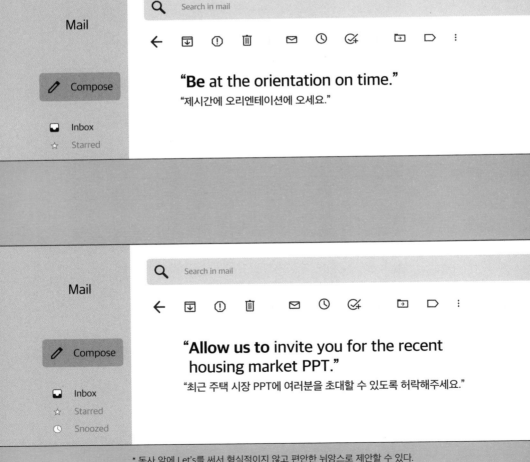

Mail

Q Search in mail

← 📥 ⓘ 🗑 ✉ 🕐 ✓ ↪ 🏷 ⋮

"**Be** at the orientation on time."
"제시간에 오리엔테이션에 오세요."

Compose

📥 Inbox
☆ Starred

Mail

Q Search in mail

← 📥 ⓘ 🗑 ✉ 🕐 ✓ ↪ 🏷 ⋮

"**Allow us to** invite you for the recent housing market PPT."
"최근 주택 시장 PPT에 여러분을 초대할 수 있도록 허락해주세요."

Compose

📥 Inbox
☆ Starred
🕐 Snoozed

* 동사 앞에 Let's를 써서 형식적이지 않고 편안한 뉘앙스로 제안할 수 있다.
"Let's join / participate / be / allow ~ "참여해주세요!"

<상대방에게 감사 표시/칭찬/성과에 대해 알려줄 때의 제목>

16) 감사 표시를 할 때

'Appreciate / Thank you (very much) for' 등의 동사로 시작한다.

Mail

Search in mail

"Appreciate all your team's effort."
"모든 팀의 노력에 감사합니다."

Compose

Inbox
☆ Starred

Mail

Search in mail

"Thank you for your email."
"메일 잘 받았습니다. / 이메일 보내주셔서 감사합니다."

Compose

Inbox
☆ Starred
Snoozed

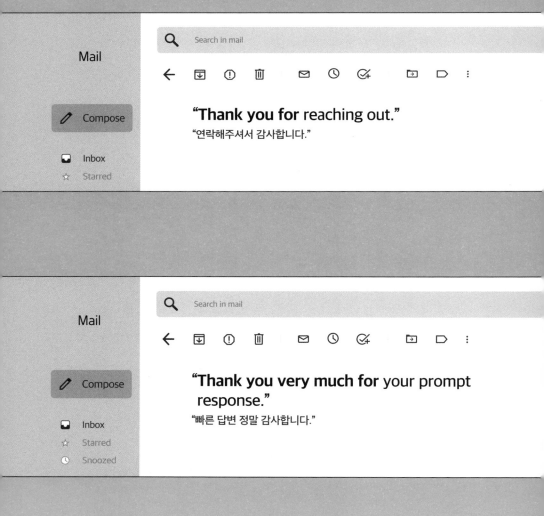

Mail

Q Search in mail

← 📥 ① 🗑 ✉ 🕐 ✅ 📤 🏷 ⋮

"Thank you for reaching out."
"연락해주셔서 감사합니다."

✏ Compose

📥 Inbox
☆ Starred

Mail

Q Search in mail

← 📥 ① 🗑 ✉ 🕐 ✅ 📤 🏷 ⋮

"Thank you very much for your prompt response."
"빠른 답변 정말 감사합니다."

✏ Compose

📥 Inbox
☆ Starred
🕐 Snoozed

<상대방에게 감사 표시/칭찬/성과에 대해 알려줄 때의 제목>

17) 성과를 알려줄 때

'Deserve / Promote to / Give credit to' 등의 동사로 시작한다.

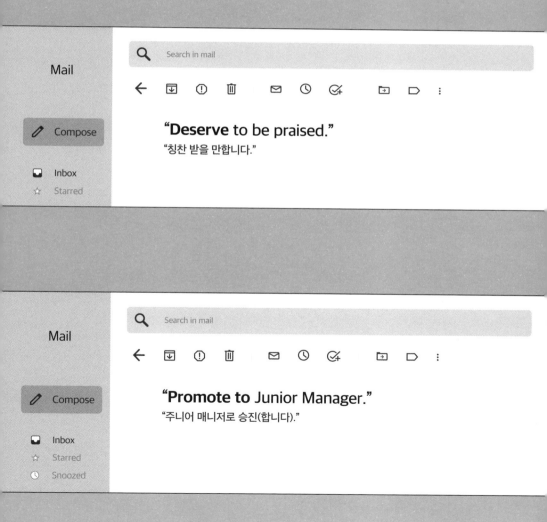

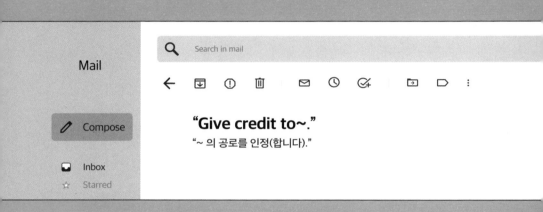

Mail

Q Search in mail

← ⤓ ① 🗑 ✉ 🕐 ☑ 📁 ▷ ⋮

Compose

📥 Inbox

☆ Starred

"Give credit to~."

"~ 의 공로를 인정(합니다)."

2. 과감하게
명사로 시작해보자

우리는 영어 문장을 시작할 때 보통 '주어 + 동사'의 형태를 생각해서 주어의 역할을 하는 '명사'로 문장을 시작하는 경우가 있지만 subject line에서 제목이 시작될 때의 명사는 주어의 의미가 아니다.

단순히 이메일 본문 내용을 요약하여 '~함'의 의미로 보면 되며, 명사뿐 아니라, 대명사 혹은 동명사로 시작할 수 있다. 동명사로 시작하는 경우가 많고, 명사로 시작할 때도 관사(a/an)는 생략해도 무방하다.

<답장/답변할 때의 제목>

1) 상대방의 메일에 답장할 때

'Following up with / Response from / Getting back to / Explanation on' 등의 명사로 시작한다.

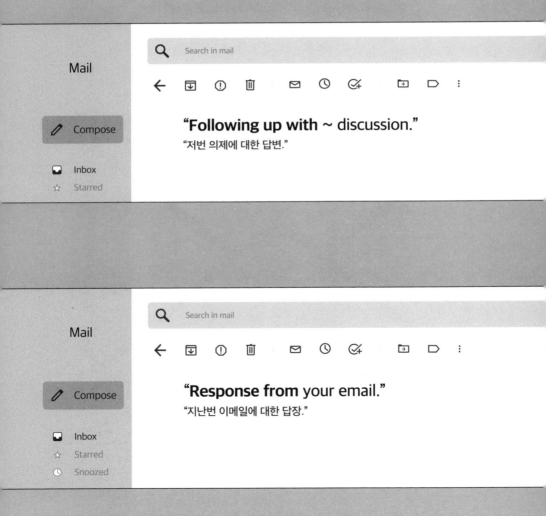

"Following up with ~ discussion."
"저번 의제에 대한 답변."

"Response from your email."
"지난번 이메일에 대한 답장."

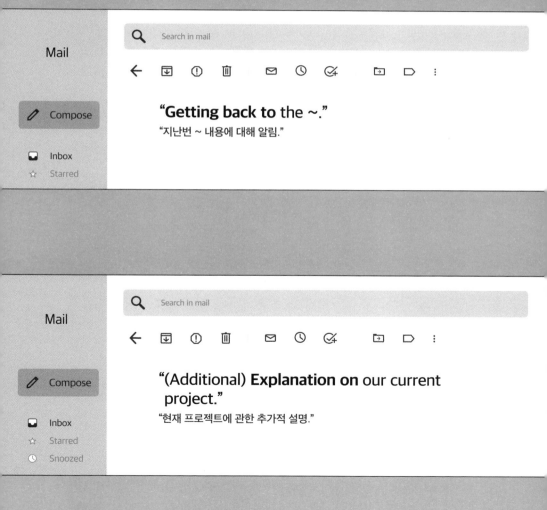

Mail

Search in mail

← ↓ ① 🗑 ✉ 🕐 ✓ → ▭ ⋮

"**Getting back to** the ~."

"지난번 ~ 내용에 대해 알림."

Compose

📥 Inbox
☆ Starred

Mail

Search in mail

← ↓ ① 🗑 ✉ 🕐 ✓ → ▭ ⋮

"(Additional) **Explanation on** our current project."

"현재 프로젝트에 관한 추가적 설명."

Compose

📥 Inbox
☆ Starred
🕐 Snoozed

<답장/답변할 때의 제목>

2) 후속 조치에 대해 답변할 때

'Follow-up / Checking on / Getting back to / Update from' 등의 명사로 시작한다.

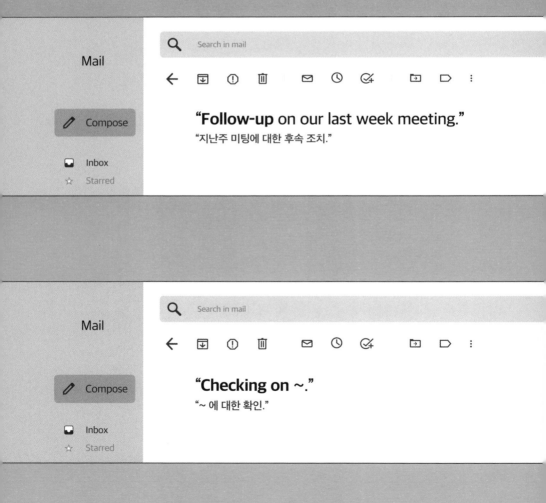

"Follow-up on our last week meeting."
"지난주 미팅에 대한 후속 조치."

"Checking on ~."
"~ 에 대한 확인."

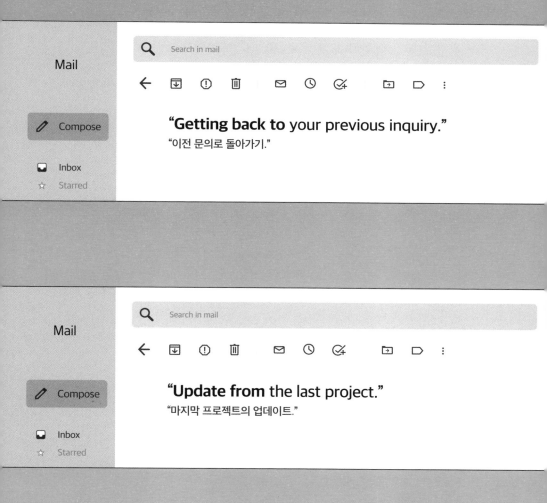

Mail

Q Search in mail

← ⊡ ① 🗑 ✉ 🕐 ☑ ⇥ ▷ ⋮

"Getting back to your previous inquiry."
"이전 문의로 돌아가기."

✎ Compose

📭 Inbox
☆ Starred

Mail

Q Search in mail

← ⊡ ① 🗑 ✉ 🕐 ☑ ⇥ ▷ ⋮

"Update from the last project."
"마지막 프로젝트의 업데이트."

✎ Compose

📭 Inbox
☆ Starred

<메일 보내는 주체를 소개할 때의 제목>

3) 메일 보내는 주체를 소개할 때

'NAME:JOB / Introduction of' 등의 명사로 시작한다.

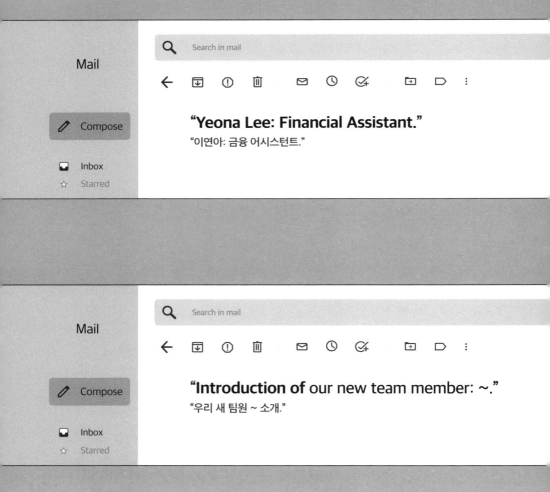

Mail

Search in mail

"Yeona Lee: Financial Assistant."
"이연아: 금융 어시스턴트."

Compose

Inbox
☆ Starred

Mail

Search in mail

"Introduction of our new team member: ~."
"우리 새 팀원 ~ 소개."

Compose

Inbox
☆ Starred

4) 메일 보내는 주체가 누군가를 대신할 때

'Substitute for / Cover for / Alternative ~' 등의 명사로 시작한다.

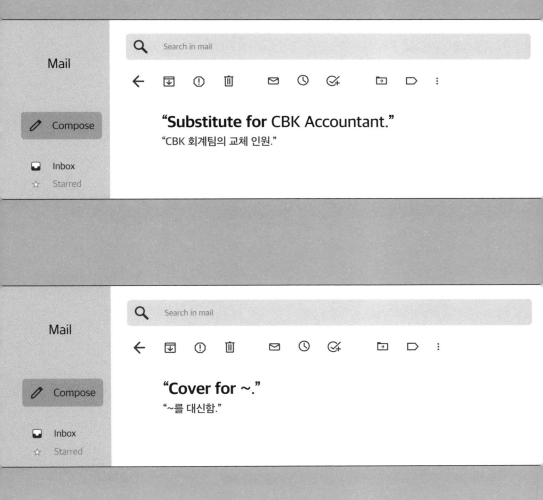

Mail

Q Search in mail

← 📥 ⓘ 🗑 ✉ 🕐 ✓ ➡ 🏷 ⋮

Compose

Inbox
☆ Starred

"Substitute for CBK Accountant."
"CBK 회계팀의 교체 인원."

Mail

Q Search in mail

← 📥 ⓘ 🗑 ✉ 🕐 ✓ ➡ 🏷 ⋮

Compose

Inbox
☆ Starred

"Cover for ~."
"~를 대신함."

<메일 보내는 주체를 소개할 때의 제목>

5) 부재중/퇴사를 알릴 때

'Off from / Resignation as' 등의 명사로 시작한다.

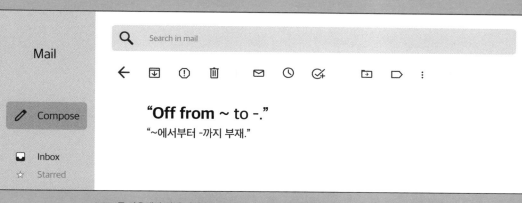

"Off from ~ to -."
"~에서부터 -까지 부재."

* OFF를 사용해서 일정 기간 동안 휴무라는 것을 알리기도 한다.

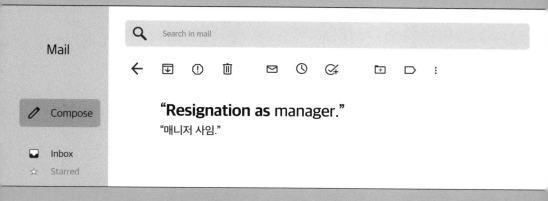

"Resignation as manager."
"매니저 사임."

<상대방에게 무엇인가를 요청할 때의 제목>

6) 이메일/일정/안건을 확인하라고 요청할 때

'Verifying / Notification / Confirmation / Double-Check with' 등의 명사로 시작한다.

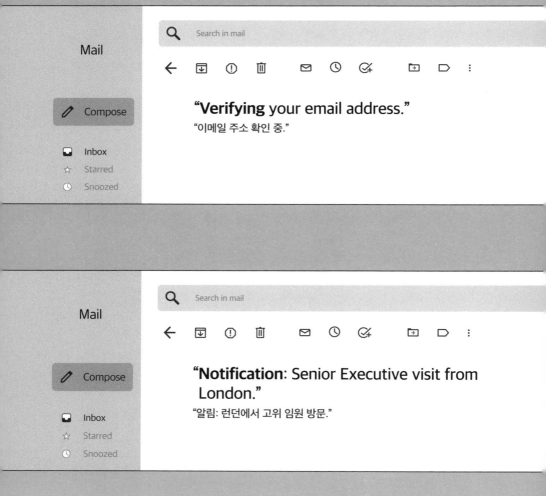

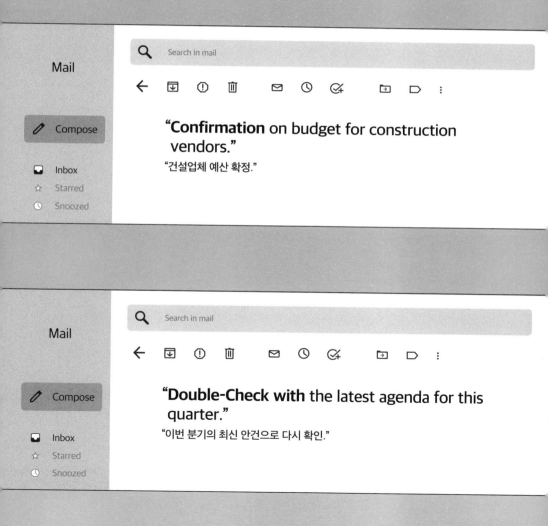

Mail

Q Search in mail

← ⬇ ⓘ 🗑 ✉ 🕐 ☑ 📥 🏷 ⋮

✏ Compose

📥 Inbox
☆ Starred
🕐 Snoozed

"Confirmation on budget for construction vendors."

"건설업체 예산 확정."

Mail

Q Search in mail

← ⬇ ⓘ 🗑 ✉ 🕐 ☑ 📥 🏷 ⋮

✏ Compose

📥 Inbox
☆ Starred
🕐 Snoozed

"Double-Check with the latest agenda for this quarter."

"이번 분기의 최신 안건으로 다시 확인."

\<상대방에게 무엇인가를 요청할 때의 제목\>

7) 문제점 파악이나 일정에 대해 확인을 요청할 때

'Identifying / Confirmation' 등의 명사로 시작한다.

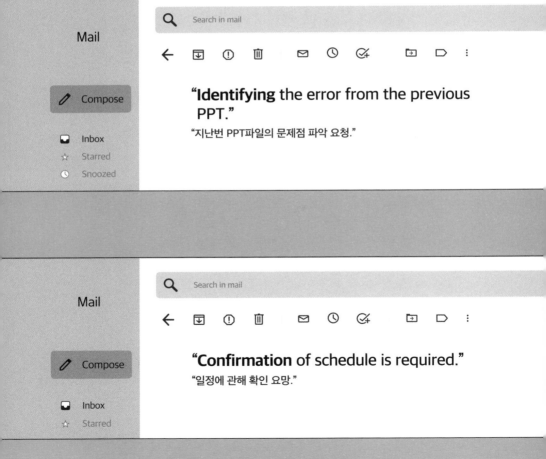

Mail

Search in mail

Compose

Inbox
Starred
Snoozed

"Identifying the error from the previous PPT."

"지난번 PPT파일의 문제점 파악 요청."

Mail

Search in mail

Compose

Inbox
Starred

"Confirmation of schedule is required."

"일정에 관해 확인 요망."

8) 자세한 내용을 알려달라고 요청할 때

'Instructions for / Information for ' 등의 명사로 시작한다.

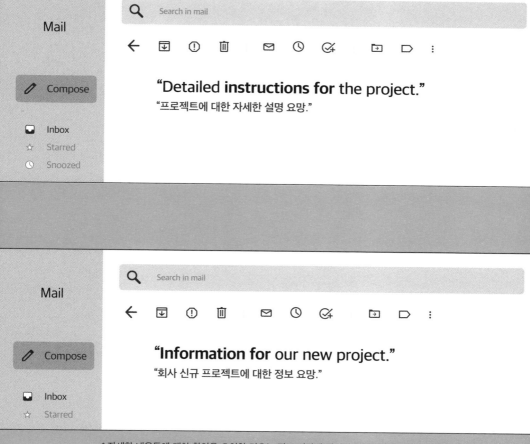

"Detailed **instructions for** the project."
"프로젝트에 대한 자세한 설명 요망."

"**Information for** our new project."
"회사 신규 프로젝트에 대한 정보 요망."

* 자세한 내용들에 대한 확인을 요청할 경우는 정보 전달에 있어서 확답을 원하는 경우가 많다. 이를 테면, '~~한 내용들을 확인 부탁드립니다.' 이런 이메일을 받았다면 '위의 내용들을 숙지하였습니다.'라는 맥락으로 "confirmed" 혹은 "Received" 정도로만 답변을 보내기도 한다.

<상대방에게 무엇인가를 요청할 때의 제목>

9) 협업을 요청할 때

'Collaboration with / (immediate) corresponds to' 등의 명사로 시작한다.

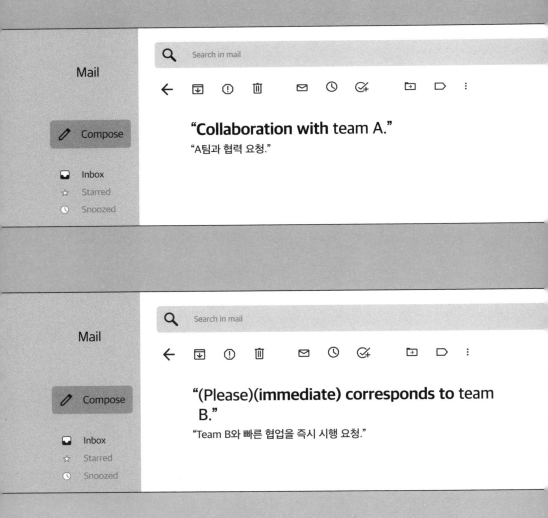

Mail

Q Search in mail

← 🔽 ① 🗑 ✉ 🕐 ✅ 🔂 🏷 ⋮

Compose

"Collaboration with team A."
"A팀과 협력 요청."

📥 Inbox
☆ Starred
🕐 Snoozed

Mail

Q Search in mail

← 🔽 ① 🗑 ✉ 🕐 ✅ 🔂 🏷 ⋮

Compose

"(Please)(immediate) corresponds to team B."
"Team B와 빠른 협업을 즉시 시행 요청."

📥 Inbox
☆ Starred
🕐 Snoozed

10) 신청에 대해 요청할 때

'Application for / Indication for' 등의 명사로 시작한다.

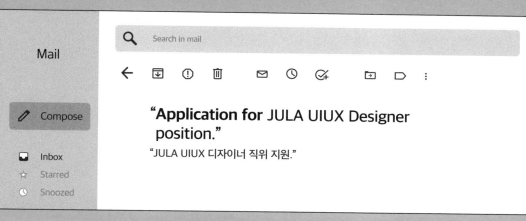

Mail

Q Search in mail

← 🔽 ⓘ 🗑 ✉ 🕐 ☑ 🔁 ▷ ⋮

"Application for JULA UIUX Designer position."

"JULA UIUX 디자이너 직위 지원."

✎ Compose

📥 Inbox
☆ Starred
🕐 Snoozed

* 여기서 'Please'를 붙이게 된다면 조금 더 정중한 느낌과 함께 친근한 느낌으로 받아들여집니다.

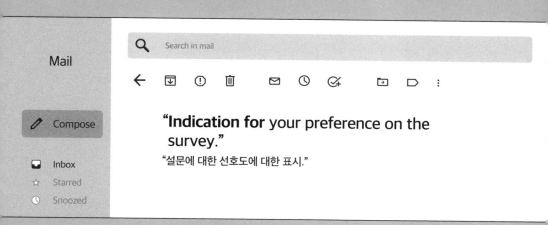

Mail

Q Search in mail

← 🔽 ⓘ 🗑 ✉ 🕐 ☑ 🔁 ▷ ⋮

"Indication for your preference on the survey."

"설문에 대한 선호도에 대한 표시."

✎ Compose

📥 Inbox
☆ Starred
🕐 Snoozed

<상대방에게 문의할 때의 제목>

11) 문의할 때

'A question(Questions) about / for / from / Inquiry of' 등의 명사로 시작한다.

* Question 뒤에는 어떤 상황에 나오는지에 따라 쓰이는 접속사가 다르다. 이를테면 '~에 대한 질문'을 써야 할 때, 앞으로 일어날 일에 대한 질문이라면, 'for'을 써서, 'question for'이라고 쓰는 게 맞고, 이미 일어 났던 일에 대한 질문이라면 'question from'을 써준다.

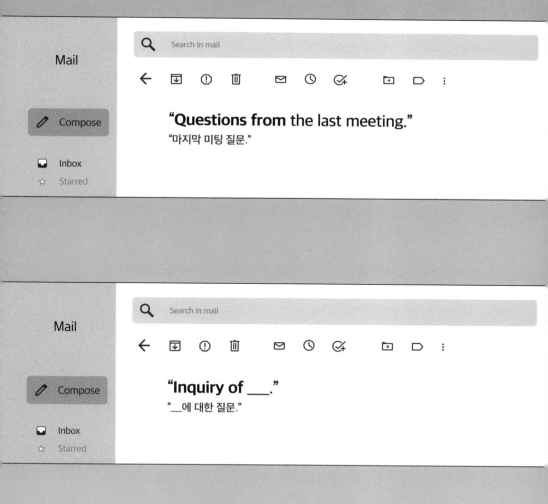

Mail

Q Search in mail

← ⊡ ① 🗑 ✉ 🕐 ☑ ⬜ ▷ ⋮

"Questions from the last meeting."
"마지막 미팅 질문."

Compose

📥 Inbox
☆ Starred

Mail

Q Search in mail

← ⊡ ① 🗑 ✉ 🕐 ☑ ⬜ ▷ ⋮

"Inquiry of ___."
"__에 대한 질문."

Compose

📥 Inbox
☆ Starred

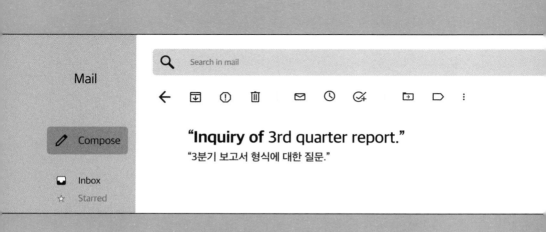

Mail

🔍 Search in mail

← ⬇ ⓘ 🗑 ✉ 🕐 ✓ ⬆ ▭ ⋮

✏ Compose

📥 Inbox
☆ Starred

"Inquiry of 3rd quarter report."
"3분기 보고서 형식에 대한 질문."

<상대방에게 정보를 전달할 때의 제목>

12) 상대방에게 무엇인가를 알릴 때

'Reminder / Following up with / [Date] / Notification for' 등의 명사로 시작한다.

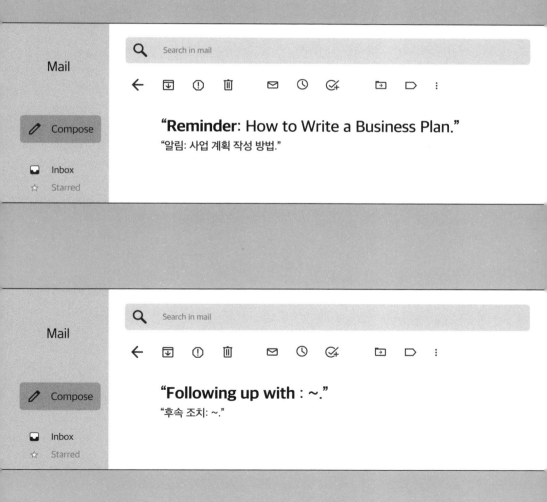

Mail

Compose

Inbox
☆ Starred

"Reminder: How to Write a Business Plan."
"알림: 사업 계획 작성 방법."

Mail

Compose

Inbox
☆ Starred

"Following up with : ~."
"후속 조치: ~."

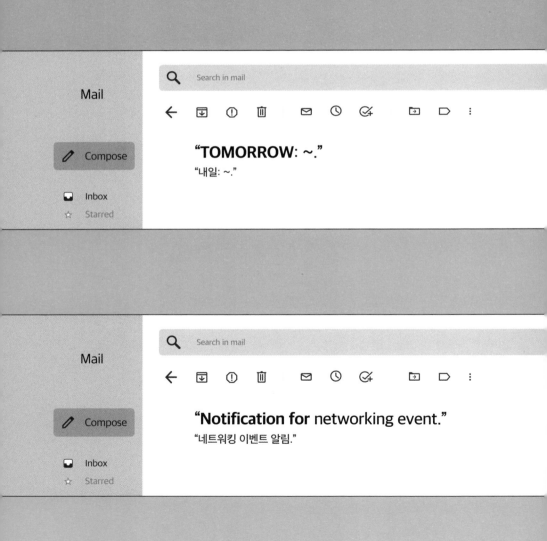

Mail

Q Search in mail

← ⬇ ① 🗑 ✉ 🕐 ☑ 📥 🏷 ⋮

"TOMORROW: ~."
"내일: ~."

Compose

📥 Inbox
☆ Starred

Mail

Q Search in mail

← ⬇ ① 🗑 ✉ 🕐 ☑ 📥 🏷 ⋮

"Notification for networking event."
"네트워킹 이벤트 알림."

Compose

📥 Inbox
☆ Starred

<상대방에게 정보를 전달할 때의 제목>

13) 상대방에게 일정/마감일을 독촉할 때

‘Deadline / Final Reminder’ 등의 명사로 시작한다.

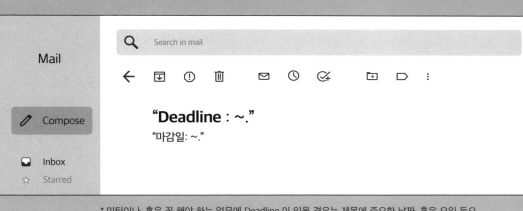

"Deadline : ~."
"마감일: ~."

* 미팅이나, 혹은 꼭 해야 하는 업무에 Deadline 이 있을 경우는 제목에 중요한 날짜, 혹은 요일 등으로 문장을 시작하기도 한다.

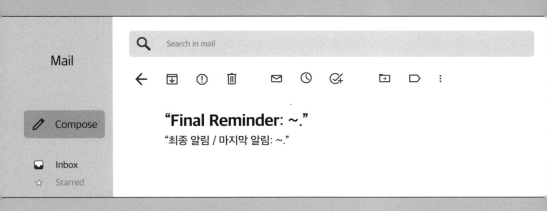

"Final Reminder: ~."
"최종 알림 / 마지막 알림: ~."

<상대방을 초대할 때의 제목>

14) 상대방을 초대할 때

'Participation / Being at / Inviting / Joining us' 등의 명사로 시작한다.

Mail

Q Search in mail

← ⊡ ⓘ 🗑 ✉ 🕓 ☑ ↪ ▱ ⋮

"Participation is mandatory."
"참여는 필수."

✎ Compose

📥 Inbox
☆ Starred
🕓 Snoozed

Mail

Q Search in mail

← ⊡ ⓘ 🗑 ✉ 🕓 ☑ ↪ ▱ ⋮

"Being at the session on time."
"제 시간에 세션에 도착 바람."

✎ Compose

📥 Inbox
☆ Starred
🕓 Snoozed

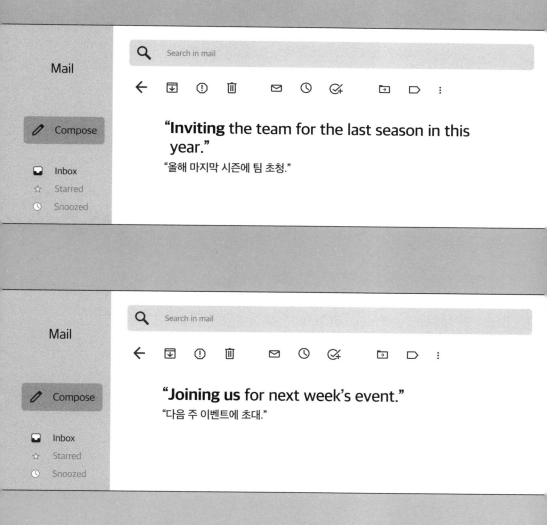

Mail

🔍 Search in mail

← 🔽 ⓘ 🗑 ✉ 🕐 ✅ ➡ 🏷 ⋮

"**Inviting** the team for the last season in this year."
"올해 마지막 시즌에 팀 초청."

🔲 Compose

📥 Inbox
☆ Starred
🕐 Snoozed

Mail

🔍 Search in mail

← 🔽 ⓘ 🗑 ✉ 🕐 ✅ ➡ 🏷 ⋮

"**Joining us** for next week's event."
"다음 주 이벤트에 초대."

🔲 Compose

📥 Inbox
☆ Starred
🕐 Snoozed

<상대방에게 감사 표시/칭찬/성과에 대해 알려줄 때의 제목>

15) 감사 표시를 할 때

'A huge thank from / A huge thank you for / A huge thank for / Appreciation for' 등의 명사로 시작한다.

* 깊은 감사/혹은 큰 감사라고 해석할 수 있는 이 단어는 'thank'는 'huge'와 함께 쓰고, 'appreciation'은 'deep'과 함께 쓴다.

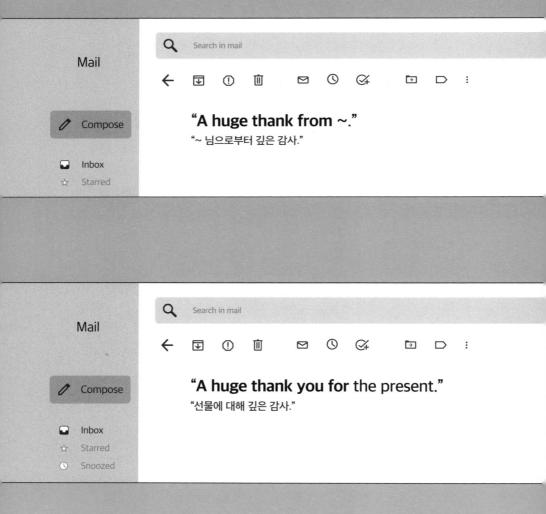

Mail

🔍 Search in mail

← 🗂 ⓘ 🗑 ✉ 🕓 ☑ 📥 🏷 ⋮

Compose

📥 Inbox
☆ Starred

"A huge thank from ~."
"~ 님으로부터 깊은 감사."

Mail

🔍 Search in mail

← 🗂 ⓘ 🗑 ✉ 🕓 ☑ 📥 🏷 ⋮

Compose

📥 Inbox
☆ Starred
🕓 Snoozed

"A huge thank you for the present."
"선물에 대해 깊은 감사."

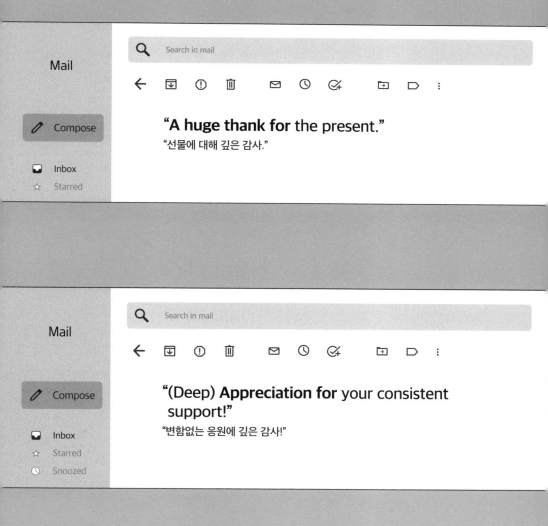

Mail

Search in mail

Compose

Inbox
Starred

"A huge thank for the present."
"선물에 대해 깊은 감사."

Mail

Search in mail

Compose

Inbox
Starred
Snoozed

"(Deep) **Appreciation for** your consistent support!"
"변함없는 응원에 깊은 감사!"

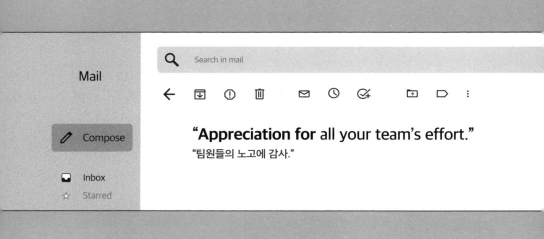

Mail

✏ Compose

⬜ Inbox
☆ Starred

Q Search in mail

"Appreciation for all your team's effort."
"팀원들의 노고에 감사."

<상대방에게 감사 표시/칭찬/성과에 대해 알려줄 때의 제목>

16) 칭찬/성과를 알려줄 때

'Huge appreciation / Promotion / Clapping on / Cheers for' 등의 명사로 시작한다.

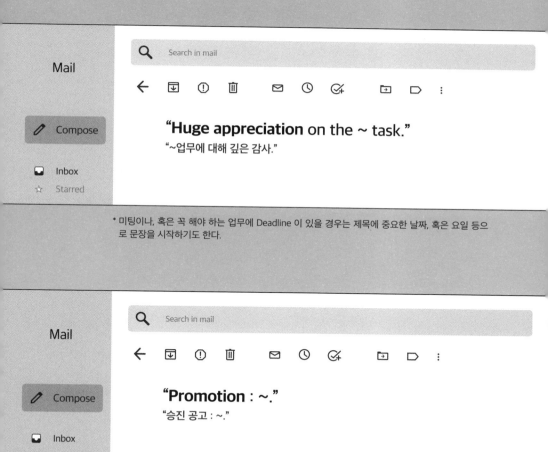

Mail

Q Search in mail

Compose

Inbox
☆ Starred

"Huge appreciation on the ~ task."
"~업무에 대해 깊은 감사."

* 미팅이나, 혹은 꼭 해야 하는 업무에 Deadline 이 있을 경우는 제목에 중요한 날짜, 혹은 요일 등으로 문장을 시작하기도 한다.

Mail

Q Search in mail

Compose

Inbox
☆ Starred

"Promotion : ~."
"승진 공고 : ~."

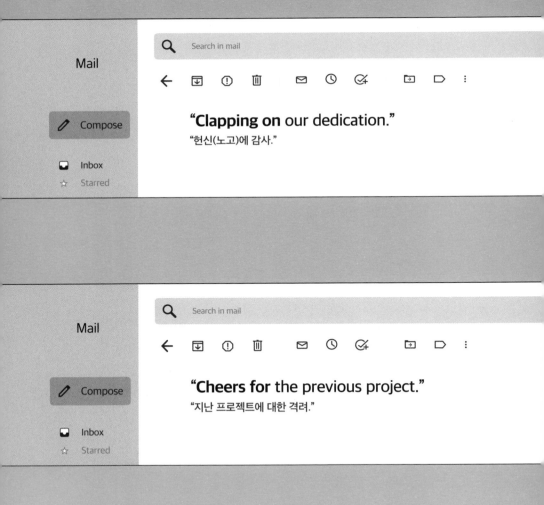

Mail

Q Search in mail

← ⊡ ⓘ 🗑   ✉ 🕐 ✓   ↪ 🏷 ⋮

"Clapping on our dedication."
"헌신(노고)에 감사."

Compose

Inbox
☆ Starred

Mail

Q Search in mail

← ⊡ ⓘ 🗑   ✉ 🕐 ✓   ↪ 🏷 ⋮

"Cheers for the previous project."
"지난 프로젝트에 대한 격려."

Compose

Inbox
☆ Starred

3. 이메일 내용이
없을 경우는 이렇게 하자

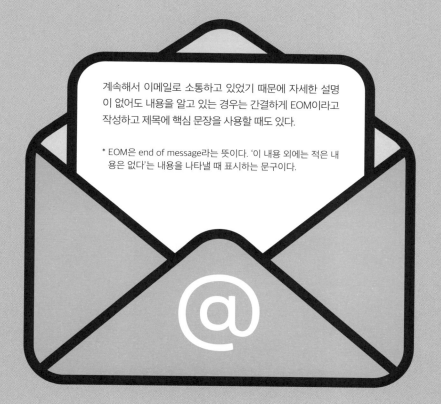

계속해서 이메일로 소통하고 있었기 때문에 자세한 설명이 없어도 내용을 알고 있는 경우는 간결하게 EOM이라고 작성하고 제목에 핵심 문장을 사용할 때도 있다.

* EOM은 end of message라는 뜻이다. '이 내용 외에는 적은 내용은 없다'는 내용을 나타낼 때 표시하는 문구이다.

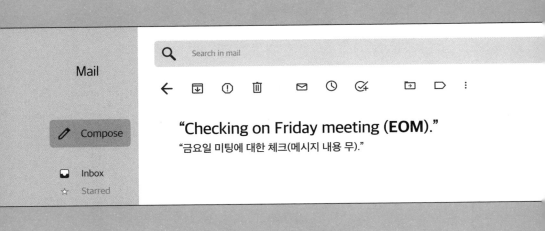

Mail

🔍 Search in mail

← 🗃 ⓘ 🗑 ✉ 🕐 ✅ 🗂 🏷 ⋮

✏ Compose

📥 Inbox
☆ Starred

"Checking on Friday meeting (**EOM**)."
"금요일 미팅에 대한 체크(메시지 내용 무)."

2.

[서론]은
무슨 말부터
시작하지?

TIP1. 수신자에 맞는 높낮이 톤으로 시작하라

이메일에도 톤이 있다는 사실을 명심하라. 수신자에 따라서 시작하는 방법은 Hello, Hi, Good morning, Dear,등으로 여러 단어를 이용해서 문장을 시작할 수 있다. 형식을 꼭 지켜야 하는 이메일이라면 가장 기본적인 Dear 혹은 Hello로 시작한다.

TIP2. 내 소개는 수신자와의 관계를 고려하라

수신자가 나에 대해서 이미 알고 있는 경우라면 나의 소개 및 이메일 전달 사안을 생략해도 되지만 그렇지 않은 경우라면 나에 대해서 소개를 하거나 혹은 보내는 이메일의 취지를 전달해야 한다.

TIP3. 때로는 업무적인 문장으로 바로 시작하라

수신자가 기대하고 있는 답변이 있을 시에는 형식을 과감하게 생략하고 업무에 관련된 이야기로 문장을 시작해도 괜찮다.

1. 수신자를 올바른 톤으로 지칭하라

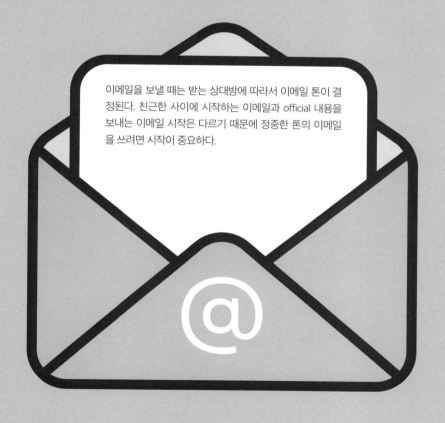

이메일을 보낼 때는 받는 상대방에 따라서 이메일 톤이 결정된다. 친근한 사이에 시작하는 이메일과 official 내용을 보내는 이메일 시작은 다르기 때문에 정중한 톤의 이메일을 쓰려면 시작이 중요하다.

1) 정중한 톤으로 보낼 때

'Dear' 로 시작해서 받는 사람의 호칭이나 Last Name을 사용하면 가장 정중한 톤으로 이메일을 시작할 수 있다. 무난하고 정중하게 이메일을 시작할 수 있는 방법이며, 비즈니스 이메일에 많이 쓰인다.

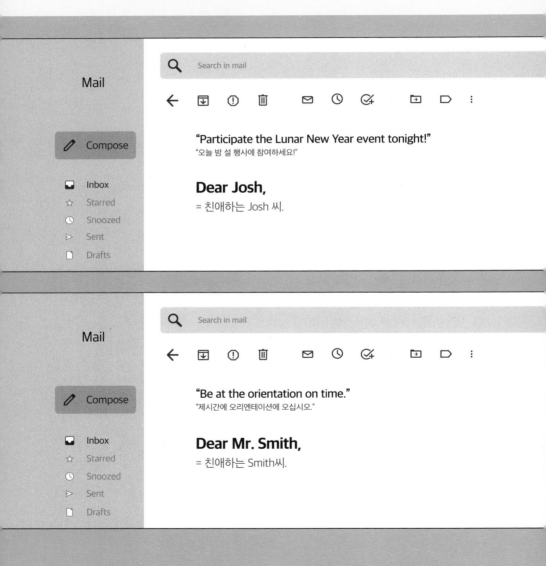

Mail

Q Search in mail

Compose

Inbox
☆ Starred
Snoozed
▷ Sent
Drafts

"Participate the Lunar New Year event tonight!"
"오늘 밤 설 행사에 참여하세요!"

Dear Josh,
= 친애하는 Josh 씨.

Mail

Q Search in mail

Compose

Inbox
☆ Starred
Snoozed
▷ Sent
Drafts

"Be at the orientation on time."
"제시간에 오리엔테이션에 오십시오."

Dear Mr. Smith,
= 친애하는 Smith씨.

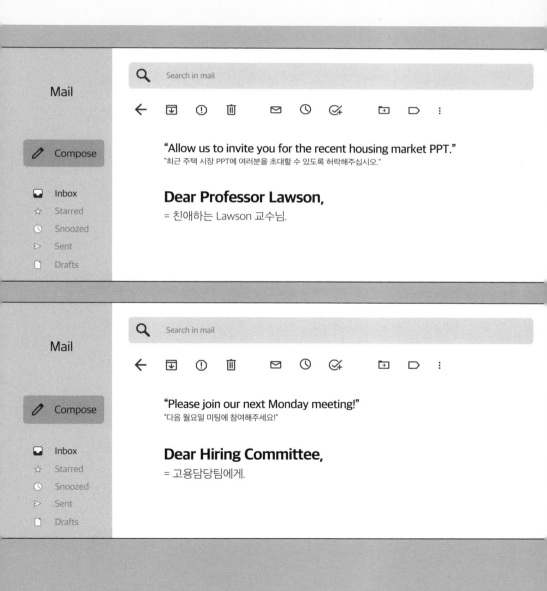

Mail

🔍 Search in mail

← 📥 ① 🗑 ✉ 🕐 ☑ 📤 🏷 ⋮

"Allow us to invite you for the recent housing market PPT."
"최근 주택 시장 PPT에 여러분을 초대할 수 있도록 허락해주십시오."

Dear Professor Lawson,
= 친애하는 Lawson 교수님.

✏ Compose

📥 Inbox
☆ Starred
🕐 Snoozed
▷ Sent
📄 Drafts

Mail

🔍 Search in mail

← 📥 ① 🗑 ✉ 🕐 ☑ 📤 🏷 ⋮

"Please join our next Monday meeting!"
"다음 월요일 미팅에 참여해주세요!"

Dear Hiring Committee,
= 고용담당팀에게.

✏ Compose

📥 Inbox
☆ Starred
🕐 Snoozed
▷ Sent
📄 Drafts

'Dear' 대신 'Hello'를 사용해서 시작할 수도 있습니다. 하지만 이때도 정중한 톤으로 보낼 경우라면 Hello Mr. O'corner / Hello Ms. Clinton이라고 시작한다. 더욱 형식적으로 나타내기 위해서는 Dear 혹은 Hello Mrs. Elizabeth Clinton 이라고 이름과 성을 모두 쓰는 경우도 있다.

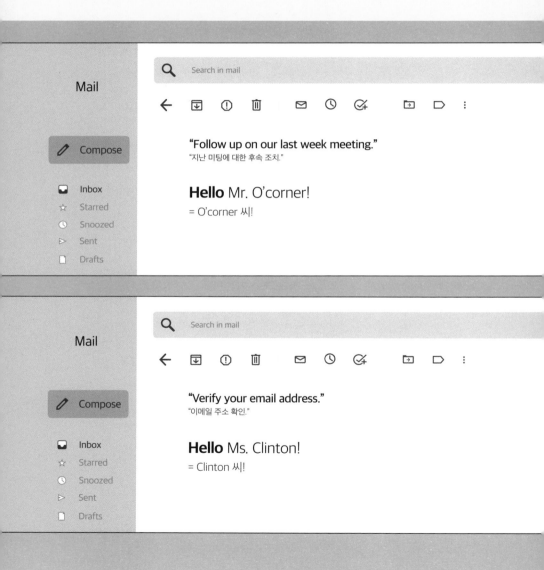

Mail

Q Search in mail

← ⤓ ① 🗑 ✉ 🕐 ✅ ⤴ ▷ ⋮

✎ Compose

📥 Inbox
☆ Starred
🕐 Snoozed
▷ Sent
📄 Drafts

"Alert: upcoming meeting."
"경고: 예정된 미팅."

Dear 혹은 **Hello** Mrs. Elizabeth Clinton.
= Elizabeth Clinton 여사에게.

2) 친근하고 캐주얼한 톤으로 보낼 때

'Hello' 혹은 'Dear'로 시작하고 정중하게 보낼 때와 달리 Last name 대신에 first name으로 문장을 시작한다.

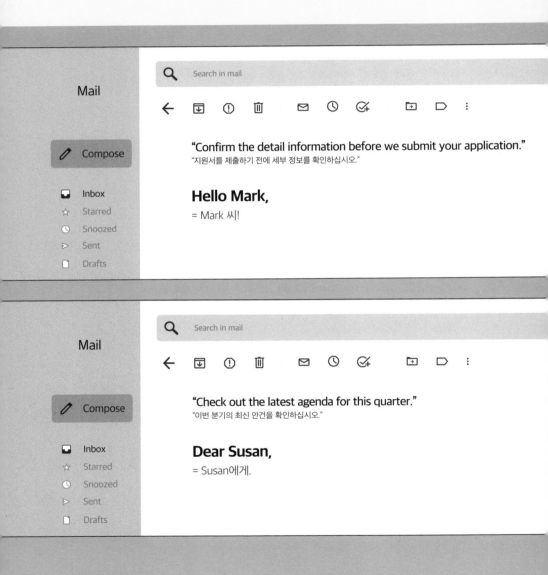

Mail

Q Search in mail

← ⊡ ① 🗑 ✉ 🕐 ✅   📥 ▭ ⋮

"Confirm the detail information before we submit your application."
"지원서를 제출하기 전에 세부 정보를 확인하십시오."

Hello Mark,

= Mark 씨!

Mail

Q Search in mail

← ⊡ ① 🗑 ✉ 🕐 ✅   📥 ▭ ⋮

"Check out the latest agenda for this quarter."
"이번 분기의 최신 안건을 확인하십시오."

Dear Susan,

= Susan에게.

'Hello' 역시 정중하게 이메일을 시작할 수 있는 방법이다. 특히, 상대방을 잘 모를 경우 사용할 수 있다. Hello와 Hi로 이메일을 제일 많이 시작하고, Hi 같은 경우, 같이 일하는 직원이거나 혹은 어느 정도 아는 사이일 때 사용하기 좋다.

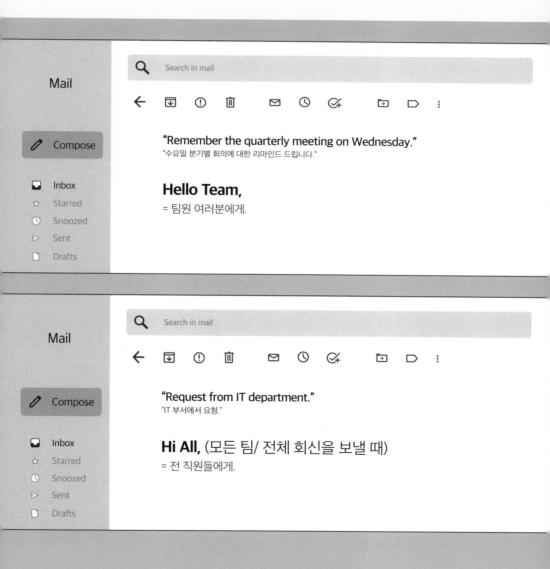

Mail

Search in mail

"Remember the quarterly meeting on Wednesday."
"수요일 분기별 회의에 대한 리마인드 드립니다."

Hello Team,
= 팀원 여러분에게.

Compose

Inbox
☆ Starred
🕐 Snoozed
▷ Sent
📄 Drafts

Mail

Search in mail

"Request from IT department."
"IT 부서에서 요청."

Hi All, (모든 팀/ 전체 회신을 보낼 때)
= 전 직원들에게.

Compose

Inbox
☆ Starred
🕐 Snoozed
▷ Sent
📄 Drafts

혹은 'Hello', 'Dear', 'Hi' 외에도, 'Good Morning / Good Afternoon / Good Evening' 등으로 이메일을 시작할 수도 있다.

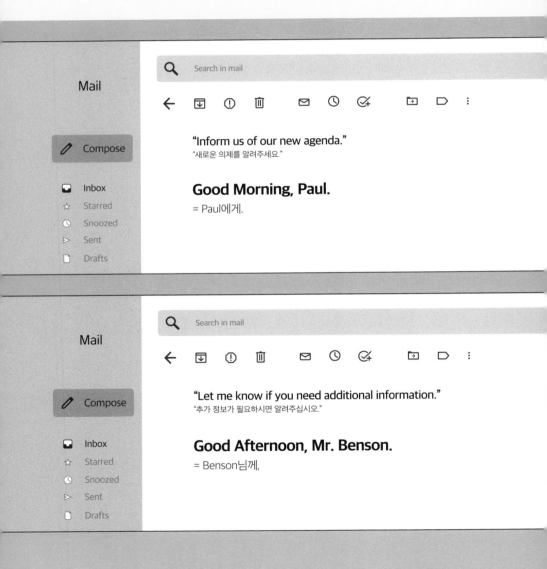

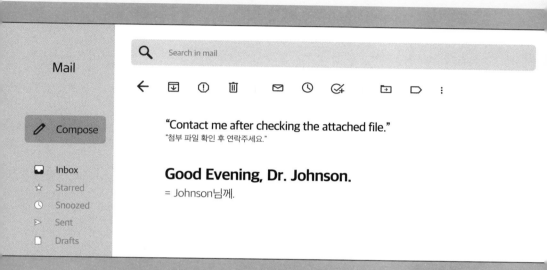

Mail

Search in mail

Compose

Inbox
Starred
Snoozed
Sent
Drafts

"Contact me after checking the attached file."
"첨부 파일 확인 후 연락주세요."

Good Evening, Dr. Johnson.

= Johnson님께.

3) 상대방의 이름을 모를 경우

To Whom It May Concern.

To the Office of _____,

'To the'로 시작하고 이메일을 보내는 회사 부서의 이름을 쓰면 된다. 뒤에 쓰는 단어는 이름 혹은 회사와 상관없이 고유명사이므로 꼭 대문자로 쓴다.

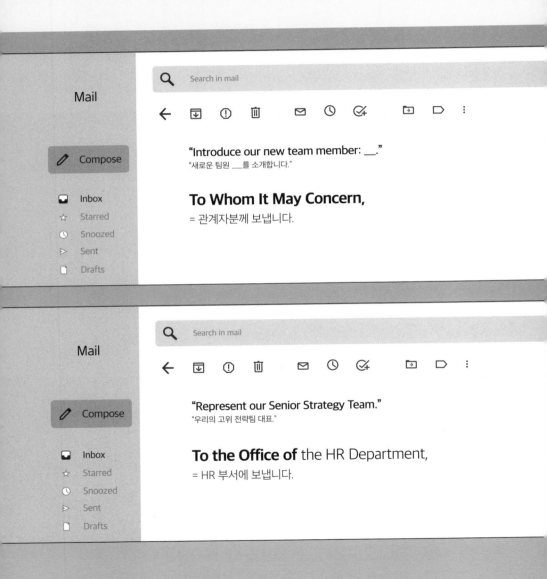

Mail

Q Search in mail

"Introduce our new team member: __."
"새로운 팀원 __를 소개합니다."

To Whom It May Concern,

= 관계자분께 보냅니다.

Mail

Q Search in mail

"Represent our Senior Strategy Team."
"우리의 고위 전략팀 대표."

To the Office of the HR Department,

= HR 부서에 보냅니다.

2. 시작(Greeting) 문장 각각 Top 10만 알아두자

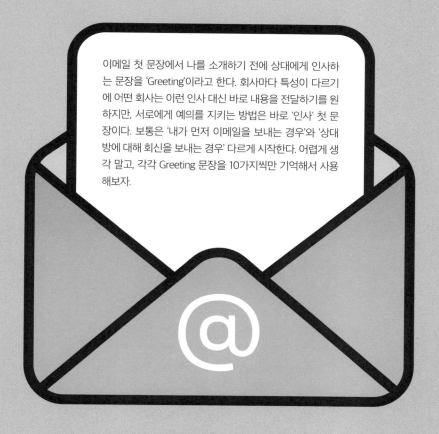

이메일 첫 문장에서 나를 소개하기 전에 상대에게 인사하는 문장을 'Greeting'이라고 한다. 회사마다 특성이 다르기에 어떤 회사는 이런 인사 대신 바로 내용을 전달하기를 원하지만, 서로에게 예의를 지키는 방법은 바로 '인사' 첫 문장이다. 보통은 '내가 먼저 이메일을 보내는 경우'와 '상대방에 대해 회신을 보내는 경우' 다르게 시작한다. 어렵게 생각 말고, 각각 Greeting 문장을 10가지씩만 기억해서 사용해보자.

1) 내가 먼저 이메일을 보내는 경우

이메일 첫 문장은 나를 소개하기 전에 상대에게 인사를 하는 'Greeting'이라고 생각해야 한다. 문장에서 첫 문장은 만남에서 ice break(편안한 대화)를 이어가기 위해 필요한 문장이다. 회사마다 특성이 다르기에 어떤 회사는 이런 인사 대신 바로 내용을 전달하기를 원하지만, 서로에게 예의를 지키는 방법은 바로 '인사' 첫 문장이다.

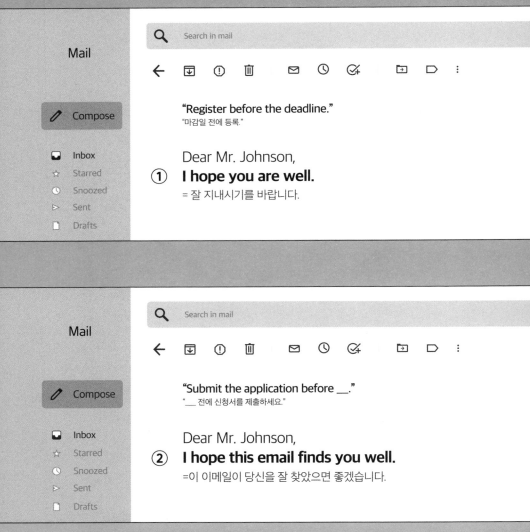

Mail

🔍 Search in mail

Compose

Inbox
☆ Starred
🕐 Snoozed
▷ Sent
📄 Drafts

"Register before the deadline."
"마감일 전에 등록."

Dear Mr. Johnson,
① **I hope you are well.**
= 잘 지내시기를 바랍니다.

Mail

🔍 Search in mail

Compose

Inbox
☆ Starred
🕐 Snoozed
▷ Sent
📄 Drafts

"Submit the application before __."
"___ 전에 신청서를 제출하세요."

Dear Mr. Johnson,
② **I hope this email finds you well.**
=이 이메일이 당신을 잘 찾았으면 좋겠습니다.

* '이 이메일이 당신을 잘 찾았으면 좋겠습니다.'로 해석되어 한국어로는 아주 어색하게 들리지만 일상에서 가장 많이 쓰는 표현이다.

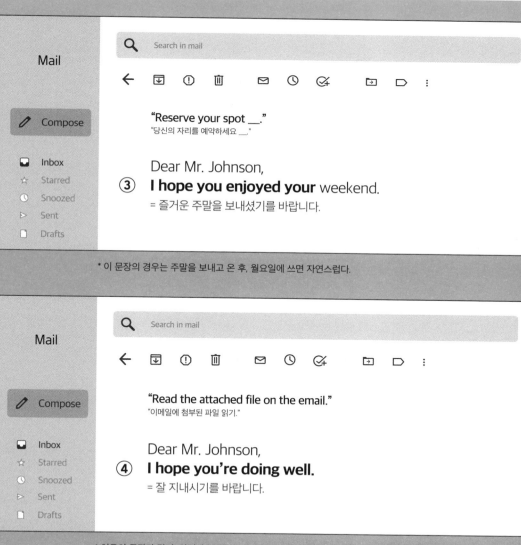

Mail

🔍 Search in mail

← 📥 ⓘ 🗑 ✉ 🕐 ✅ ➡ 🏷 ⋮

🖊 Compose

📥 Inbox
☆ Starred
🕐 Snoozed
▷ Sent
🗋 Drafts

"Reserve your spot __."
"당신의 자리를 예약하세요 __."

Dear Mr. Johnson,
③ **I hope you enjoyed your** weekend.
= 즐거운 주말을 보내셨기를 바랍니다.

* 이 문장의 경우는 주말을 보내고 온 후, 월요일에 쓰면 자연스럽다.

Mail

🔍 Search in mail

← 📥 ⓘ 🗑 ✉ 🕐 ✅ ➡ 🏷 ⋮

🖊 Compose

📥 Inbox
☆ Starred
🕐 Snoozed
▷ Sent
🗋 Drafts

"Read the attached file on the email."
"이메일에 첨부된 파일 읽기."

Dear Mr. Johnson,
④ **I hope you're doing well.**
= 잘 지내시기를 바랍니다.

* 처음의 문장과 같다. 하지만 'be동사 + ing'는 어디에서 써도 경어보다는 친숙한 표현으로 들리기 때문에 굳이 비교를 한다면, 'I hope you are well'이 조금 더 무거운 느낌의 표현이다.

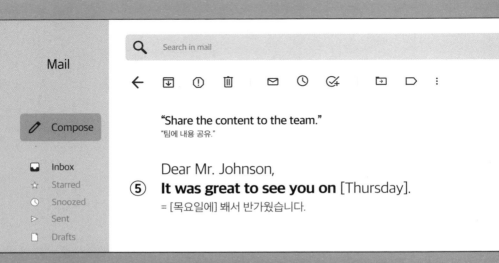

"Share the content to the team."
"팀에 내용 공유."

Dear Mr. Johnson,

⑤ **It was great to see you on** [Thursday].
= [목요일에] 봬서 반가웠습니다.

* 이 문장의 경우 상대방을 만난 후에 이메일을 보낼 때 쓰면 아주 자연스럽고 좋은 표현이다.

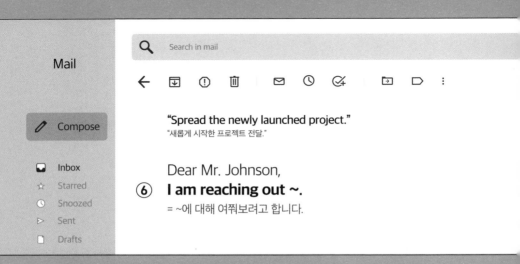

"Spread the newly launched project."
"새롭게 시작한 프로젝트 전달."

Dear Mr. Johnson,

⑥ **I am reaching out ~.**
= ~에 대해 여쭤보려고 합니다.

* 'reach out' 은 '~에 다가가다'라는 동사이다.
* '~에 대해 물어본다.' 라는 표현으로는 'reach out about ~' 문장에서는 be 동사와 함께 써주어 '~에 관해서 지금 여쭤봅니다'라는 뉘앙스로 'be reaching out'이라고 함께 문장을 외워서 써주자.

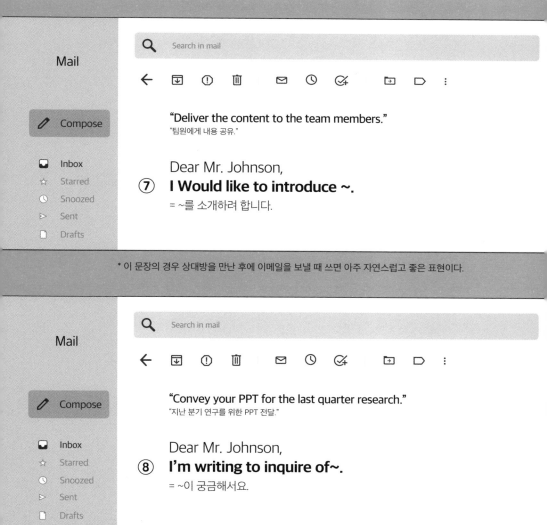

Mail

Q Search in mail

← ⬇ ① 🗑 ✉ ◷ ✅ ⊡ ▷ ⋮

"Deliver the content to the team members."
"팀원에게 내용 공유."

Dear Mr. Johnson,
⑦ **I Would like to introduce ~.**
= ~를 소개하려 합니다.

Compose

Inbox
☆ Starred
◷ Snoozed
▷ Sent
□ Drafts

* 이 문장의 경우 상대방을 만난 후에 이메일을 보낼 때 쓰면 아주 자연스럽고 좋은 표현이다.

Mail

Q Search in mail

← ⬇ ① 🗑 ✉ ◷ ✅ ⊡ ▷ ⋮

"Convey your PPT for the last quarter research."
"지난 분기 연구를 위한 PPT 전달."

Dear Mr. Johnson,
⑧ **I'm writing to inquire of~.**
= ~이 궁금해서요.

Compose

Inbox
☆ Starred
◷ Snoozed
▷ Sent
□ Drafts

* 'I'm writing to~'는 굳이 '쓰고 있다'라는 현재 진행형으로 해석할 필요 없고, '어떠한 이유로 당
신에게 메일을 보내고 있다'라는 것을 강조하기 위한 표현으로 알아두면 자연스럽다.

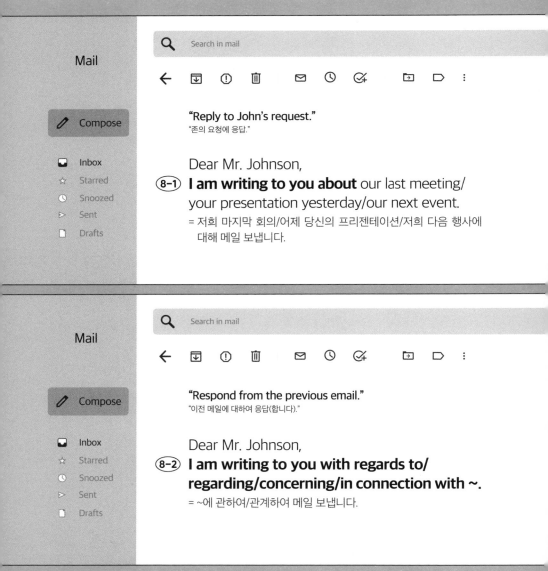

Mail

Q Search in mail

← 🗁 ⊙ 🗑   ✉ 🕐 🗹   ➡ ▭ ⋮

Compose

📥 Inbox
⭐ Starred
🕐 Snoozed
➢ Sent
📄 Drafts

"Reply to John's request."
"존의 요청에 응답."

Dear Mr. Johnson,

(8-1) **I am writing to you about** our last meeting/
your presentation yesterday/our next event.
= 저희 마지막 회의/어제 당신의 프리젠테이션/저희 다음 행사에
대해 메일 보냅니다.

Mail

Q Search in mail

← 🗁 ⊙ 🗑   ✉ 🕐 🗹   ➡ ▭ ⋮

Compose

📥 Inbox
⭐ Starred
🕐 Snoozed
➢ Sent
📄 Drafts

"Respond from the previous email."
"이전 메일에 대하여 응답(합니다)."

Dear Mr. Johnson,

(8-2) **I am writing to you with regards to/
regarding/concerning/in connection with ~.**
= ~에 관하여/관계하여 메일 보냅니다.

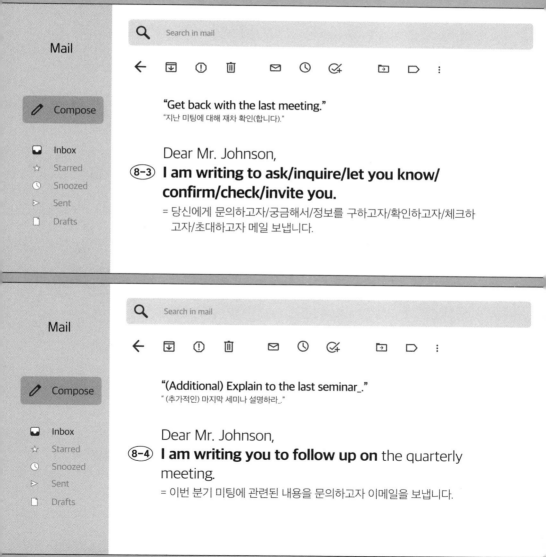

Mail

Q Search in mail

← 🔽 ① 🗑 ✉ 🕐 ✅ ➡ 🏷 ⋮

"Get back with the last meeting."
"지난 미팅에 대해 재차 확인(합니다)."

Dear Mr. Johnson,

(8-3) I am writing to ask/inquire/let you know/ confirm/check/invite you.

= 당신에게 문의하고자/궁금해서/정보를 구하고자/확인하고자/체크하고자/초대하고자 메일 보냅니다.

✏ Compose

📥 Inbox
☆ Starred
🕐 Snoozed
▷ Sent
🗋 Drafts

Mail

Q Search in mail

← 🔽 ① 🗑 ✉ 🕐 ✅ ➡ 🏷 ⋮

"(Additional) Explain to the last seminar_."
" (추가적인) 마지막 세미나 설명하라_."

Dear Mr. Johnson,

(8-4) I am writing you to follow up on the quarterly meeting.

= 이번 분기 미팅에 관련된 내용을 문의하고자 이메일을 보냅니다.

✏ Compose

📥 Inbox
☆ Starred
🕐 Snoozed
▷ Sent
🗋 Drafts

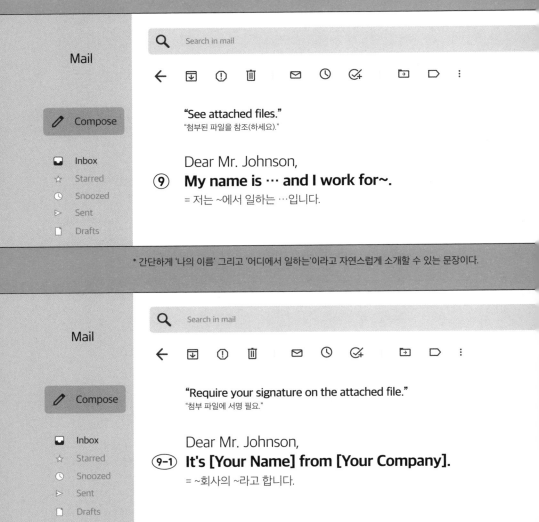

Mail

Q Search in mail

← 📥 ⊙ 🗑 ✉ 🕐 ✅ 📤 🏷 ⋮

Compose

"See attached files."
"첨부된 파일을 참조(하세요)."

Inbox
☆ Starred
🕐 Snoozed
▷ Sent
📄 Drafts

Dear Mr. Johnson,
⑨ **My name is ⋯ and I work for~.**
= 저는 ~에서 일하는 ⋯입니다.

* 간단하게 '나의 이름' 그리고 '어디에서 일하는'이라고 자연스럽게 소개할 수 있는 문장이다.

Mail

Q Search in mail

← 📥 ⊙ 🗑 ✉ 🕐 ✅ 📤 🏷 ⋮

Compose

"Require your signature on the attached file."
"첨부 파일에 서명 필요."

Inbox
☆ Starred
🕐 Snoozed
▷ Sent
📄 Drafts

Dear Mr. Johnson,
⑨-1 **It's [Your Name] from [Your Company].**
= ~회사의 ~라고 합니다.

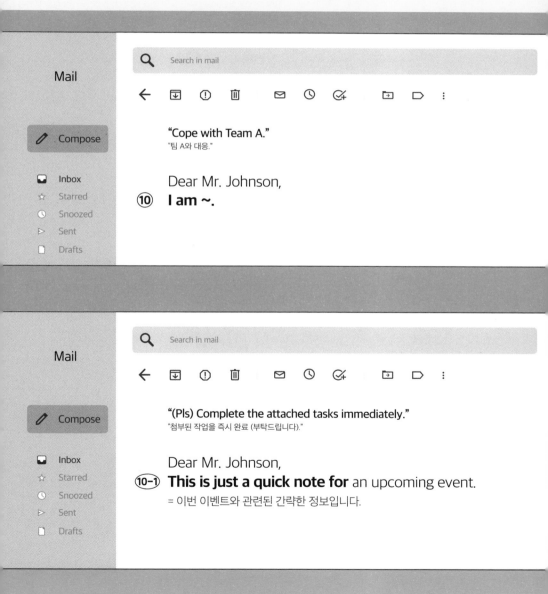

Mail

Q Search in mail

← ↧ ! 🗑 ✉ 🕐 ✅ → ▷ ⋮

"Cope with Team A."
"팀 A와 대응."

Dear Mr. Johnson,

⑩ **I am ~.**

Mail

Q Search in mail

← ↧ ! 🗑 ✉ 🕐 ✅ → ▷ ⋮

"(Pls) Complete the attached tasks immediately."
"첨부된 작업을 즉시 완료 (부탁드립니다)."

Dear Mr. Johnson,

⑩-1 **This is just a quick note for** an upcoming event.
= 이번 이벤트와 관련된 간략한 정보입니다.

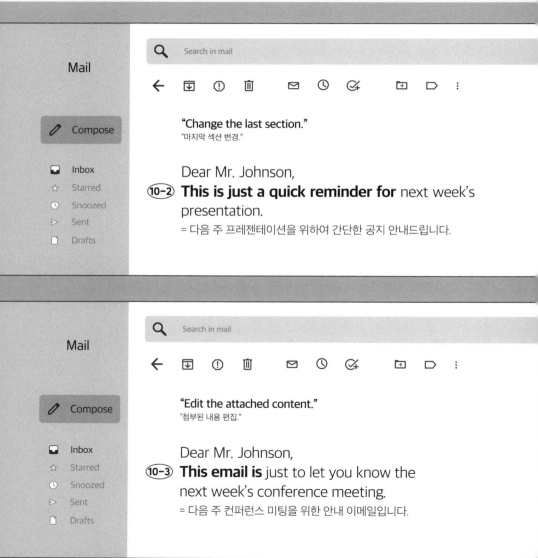

Mail

Q Search in mail

← 📥 ① 🗑 ✉ 🕐 ☑ 📤 🏷 ⋮

"Change the last section."
"마지막 섹션 변경."

Dear Mr. Johnson,
(10-2) **This is just a quick reminder for** next week's presentation.
= 다음 주 프레젠테이션을 위하여 간단한 공지 안내드립니다.

Mail

Q Search in mail

← 📥 ① 🗑 ✉ 🕐 ☑ 📤 🏷 ⋮

"Edit the attached content."
"첨부된 내용 편집."

Dear Mr. Johnson,
(10-3) **This email is** just to let you know the next week's conference meeting.
= 다음 주 컨퍼런스 미팅을 위한 안내 이메일입니다.

2) 상대방에 대해 회신을 보내는 경우

상대방에 대하여 회신을 보내는 경우 상대방의 이메일에 대한 회신을 보낼 때가 있다. 그럴 경우는 이메일 첫 문장을 상대가 보냈던 이메일에 대한 문장을 언급하면서 이메일을 시작한다.

"Revise the last quarter report."
"지난 분기 보고서 수정."

Dear Mr. Johnson,
① **As we discussed at** the fair.
= 이벤트에서 이야기한 바와 같이.

"Reconsider the result."
"결과를 다시 고려하라."

Dear Mr. Johnson,
② **I'm checking on** our last conversation.
= 지난번 대화에 대하여 확인 차 연락드립니다.

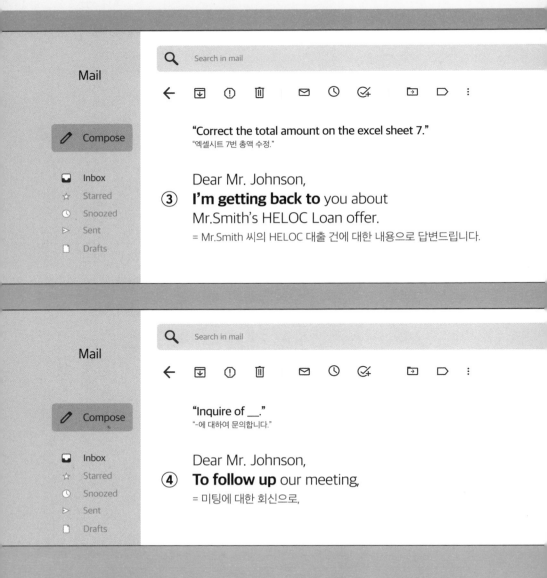

Mail

Q Search in mail

← 📥 ① 🗑 ✉ 🕐 ✅ 📤 🏷 ⋮

Compose

📥 Inbox
☆ Starred
🕐 Snoozed
▷ Sent
📄 Drafts

"Correct the total amount on the excel sheet 7."
"엑셀시트 7번 총액 수정."

Dear Mr. Johnson,
③ **I'm getting back to** you about
Mr.Smith's HELOC Loan offer.
= Mr.Smith 씨의 HELOC 대출 건에 대한 내용으로 답변드립니다.

Mail

Q Search in mail

← 📥 ① 🗑 ✉ 🕐 ✅ 📤 🏷 ⋮

Compose

📥 Inbox
☆ Starred
🕐 Snoozed
▷ Sent
📄 Drafts

"Inquire of __."
"-에 대하여 문의합니다."

Dear Mr. Johnson,
④ **To follow up** our meeting,
= 미팅에 대한 회신으로,

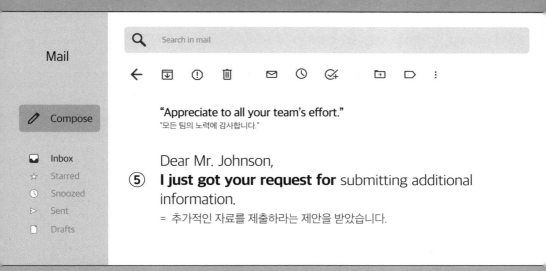

Mail

Q Search in mail

← 🔽 ① 🗑 ✉ 🕐 ✅ ↪ ▭ ⋮

Compose

Inbox
☆ Starred
🕐 Snoozed
▷ Sent
📄 Drafts

"Appreciate to all your team's effort."
"모든 팀의 노력에 감사합니다."

Dear Mr. Johnson,
⑤ **I just got your request for** submitting additional information.
= 추가적인 자료를 제출하라는 제안을 받았습니다.

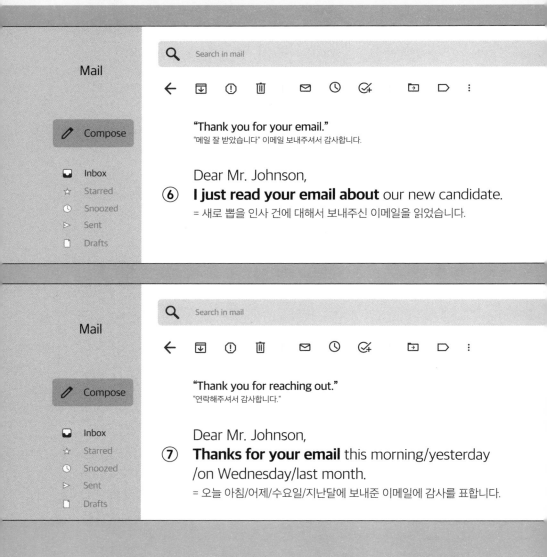

Mail

Q Search in mail

← ⤓ ⓘ 🗑 ✉ 🕐 ✅ 📥 🏷 ⋮

✏ Compose

📥 Inbox
☆ Starred
🕐 Snoozed
▷ Sent
🗋 Drafts

"Thank you for your email."
"메일 잘 받았습니다" 이메일 보내주셔서 감사합니다.

Dear Mr. Johnson,
⑥ **I just read your email about** our new candidate.
= 새로 뽑을 인사 건에 대해서 보내주신 이메일을 읽었습니다.

Mail

Q Search in mail

← ⤓ ⓘ 🗑 ✉ 🕐 ✅ 📥 🏷 ⋮

✏ Compose

📥 Inbox
☆ Starred
🕐 Snoozed
▷ Sent
🗋 Drafts

"Thank you for reaching out."
"연락해주셔서 감사합니다."

Dear Mr. Johnson,
⑦ **Thanks for your email** this morning/yesterday
/on Wednesday/last month.
= 오늘 아침/어제/수요일/지난달에 보내준 이메일에 감사를 표합니다.

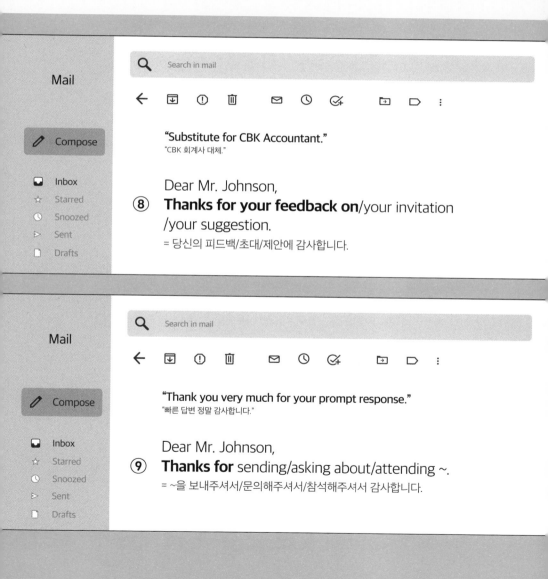

Mail

Q Search in mail

Compose

Inbox
Starred
Snoozed
Sent
Drafts

"Substitute for CBK Accountant."
"CBK 회계사 대체."

Dear Mr. Johnson,

⑧ **Thanks for your feedback on**/your invitation /your suggestion.

= 당신의 피드백/초대/제안에 감사합니다.

Mail

Q Search in mail

Compose

Inbox
Starred
Snoozed
Sent
Drafts

"Thank you very much for your prompt response."
"빠른 답변 정말 감사합니다."

Dear Mr. Johnson,

⑨ **Thanks for** sending/asking about/attending ~.

= ~을 보내주셔서/문의해주셔서/참석해주셔서 감사합니다.

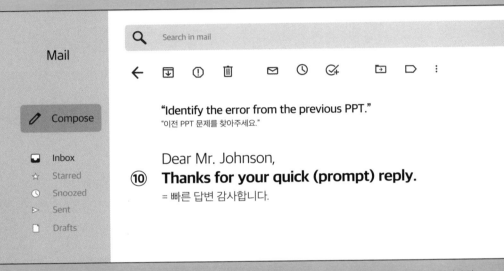

Mail

Q   Search in mail

← ⤓ ① 🗑 ✉ 🕐 ☑ → ▭ ⋮

"Identify the error from the previous PPT."
"이전 PPT 문제를 찾아주세요."

Dear Mr. Johnson,
⑩ **Thanks for your quick (prompt) reply.**
= 빠른 답변 감사합니다.

Compose

Inbox
☆ Starred
🕐 Snoozed
▷ Sent
📄 Drafts

* 비즈니스 이메일에서는 'quick'보다는 'prompt'를 조금 더 많이 사용한다. 관계에 따라서 형식이 많이 강요되지 않는다면 quick을 써도 상관없다.

3.

[본론]
이렇게 표현해도
되겠구나!

TIP1. 기본적인 문법은 반드시 지켜라

영어 이메일은 비즈니스 이전에 '영어 쓰기'라는 것을 잊으면 안 된다. 기본적인 문법 [시제, 단수와 복수 구분, 관사 사용] 등 꼭 지켜야 할 영어 기본 문법은 틀리지 않고 사용해야 한다.

TIP2. 구체적이고 자세한 내용으로 전달하라

Something, this, that, those 등 의미 전달이 정확히 되지 않는 단어는 사용하지 않도록 한다. We would like to place the order for something like this picture 대신에 We would like to place an order similar to the pictures attached to this email. 구체적이고 자세한 내용으로 의미를 전달하도록 한다.

TIP3. 명령문으로 오해받을 문장은 자제하라

간결하게 이메일을 써야 하는 동시에, 필요한 것을 요구해야 하는 상 황이 있다. 그럴 경우에도 명령문(동사로 시작하는 문장)은 사용하지 않도록 한다.

※ 본론은
순서대로 알아두자

보통 본론은 너무 길게, 혹은 너무 어렵게 쓸 필요 없이 필요한 사항만 기억해서 잘 쓰는 법을 연습해두자. 각 사항에 맞는 문장을 공부하고 응용된 이메일 샘플도 참고해보자.

1. 회사 소개하기 2. 비즈니스 요청하기 3. 문제점 확인 요청하기 4. 고객에게 의사 표시하기 5. 답장으로 첨부파일 보내기 6. 약속 요청/변경하기 7. 거절하기 8. 이벤트 초대하기 9. 정보 공유하기 10. 스케줄 정하기

@

1. 회사 소개하기

[이메일 주요 표현]

"저는 [회사 이름]에서 [부서 포지션]을 담당하고 있는 [작성자 이름]입니다."

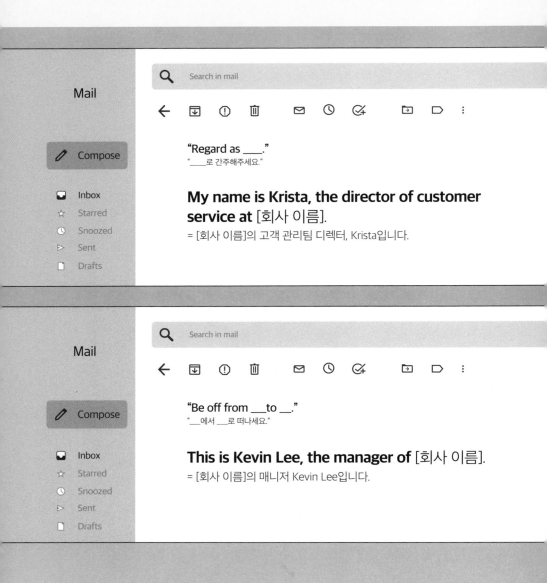

Mail

Q Search in mail

Compose

Inbox
Starred
Snoozed
Sent
Drafts

"Regard as ____."
"____로 간주해주세요."

My name is Krista, the director of customer service at [회사 이름].

= [회사 이름]의 고객 관리팀 디렉터, Krista입니다.

Mail

Q Search in mail

Compose

Inbox
Starred
Snoozed
Sent
Drafts

"Be off from ___to __."
"___에서 ___로 떠나세요."

This is Kevin Lee, the manager of [회사 이름].

= [회사 이름]의 매니저 Kevin Lee입니다.

Mail

Search in mail

← ⬇ ⓘ 🗑 ✉ 🕐 ☑ → ▭ ⋮

Compose

- Inbox
- ☆ Starred
- 🕐 Snoozed
- ▷ Sent
- Drafts

"Resign as manager."
"관리자를 사임합니다."

I am Stanly Ryans, the head of the business office at [회사 이름].

= [회사 이름]의 비즈니스 총괄 Stanly Ryans입니다.

1. 회사 소개하기

[이메일 주요 표현]

"[동료/회사 이름]를 대신해서 말씀드리고 싶습니다."

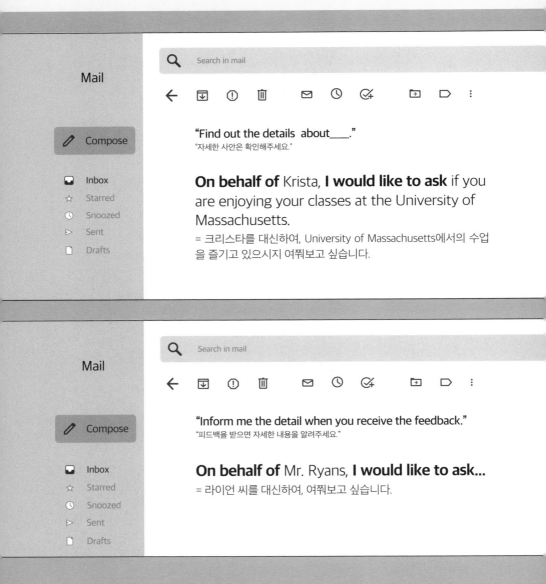

Mail

🔍 Search in mail

← ⬇ ① 🗑 ✉ 🕐 ☑ ➡ ▷ ⋮

"Find out the details about____."
"자세한 사안은 확인해주세요."

On behalf of Krista, **I would like to ask** if you are enjoying your classes at the University of Massachusetts.
= 크리스타를 대신하여, University of Massachusetts에서의 수업을 즐기고 있으시지 여쭤보고 싶습니다.

Mail

🔍 Search in mail

← ⬇ ① 🗑 ✉ 🕐 ☑ ➡ ▷ ⋮

"Inform me the detail when you receive the feedback."
"피드백을 받으면 자세한 내용을 알려주세요."

On behalf of Mr. Ryans, **I would like to ask...**
= 라이언 씨를 대신하여, 여쭤보고 싶습니다.

Mail

Search in mail

✏ Compose

📥 Inbox
☆ Starred
🕐 Snoozed
▷ Sent
🗋 Drafts

"Promote to Junior Manager."
"주니어 매니저로 승진."

On behalf of our team, I would like to congratulate you on…

= 팀을 대신하여, 축하를 드립니다…

'회사 소개하기' 이메일 샘플

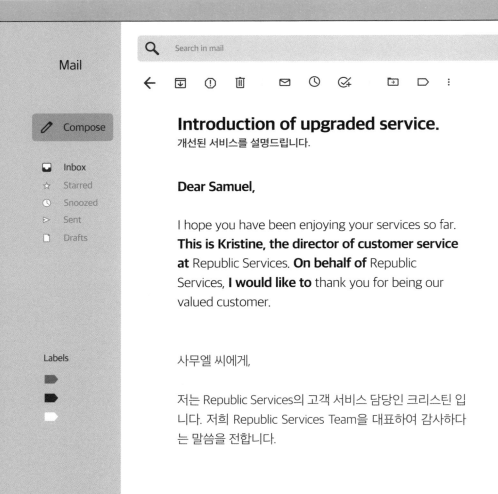

Mail

Q Search in mail

Compose

Inbox
☆ Starred
Snoozed
▷ Sent
Drafts

Labels

Introduction of upgraded service.
개선된 서비스를 설명드립니다.

Dear Samuel,

I hope you have been enjoying your services so far.
**This is Kristine, the director of customer service
at** Republic Services. **On behalf of** Republic
Services, **I would like to** thank you for being our
valued customer.

사무엘 씨에게,

저는 Republic Services의 고객 서비스 담당인 크리스틴 입
니다. 저희 Republic Services Team을 대표하여 감사하다
는 말씀을 전합니다.

2. 비즈니스 요청하기

[이메일 주요 표현]

"＿＿＿ 하기 때문에, ＿＿＿＿＿＿ 하는 것이 서로에게 ＿＿＿ 것이라고 믿습니다."

> Since [주어 + 동사] : ~ 때문에

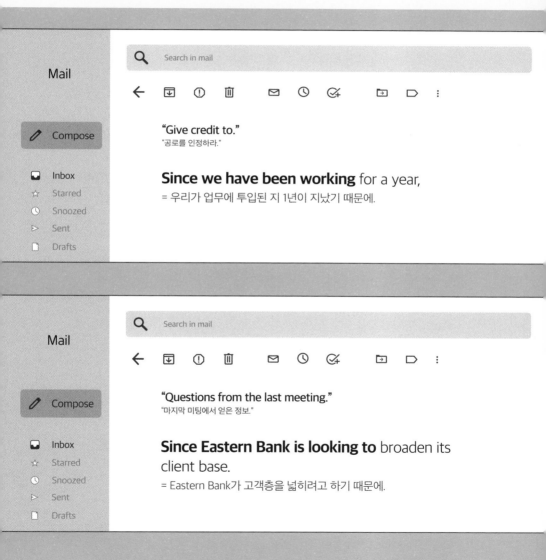

Mail

Q Search in mail

← ⤓ ① 🗑 ✉ 🕐 ☑ → ▭ ⋮

✎ Compose

📥 Inbox
☆ Starred
🕐 Snoozed
▷ Sent
▯ Drafts

"Give credit to."
"공로를 인정하라."

Since we have been working for a year,

= 우리가 업무에 투입된 지 1년이 지났기 때문에.

Mail

Q Search in mail

← ⤓ ① 🗑 ✉ 🕐 ☑ → ▭ ⋮

✎ Compose

📥 Inbox
☆ Starred
🕐 Snoozed
▷ Sent
▯ Drafts

"Questions from the last meeting."
"마지막 미팅에서 얻은 정보."

Since Eastern Bank is looking to broaden its client base.

= Eastern Bank가 고객층을 넓히려고 하기 때문에.

[이메일 주요 표현]

"~ 하는 것이 서로에게 _____ 것이라고 믿습니다."

> I believe it would be + 형용사 (<u>beneficial / helpful / cooperative</u>) for ~.

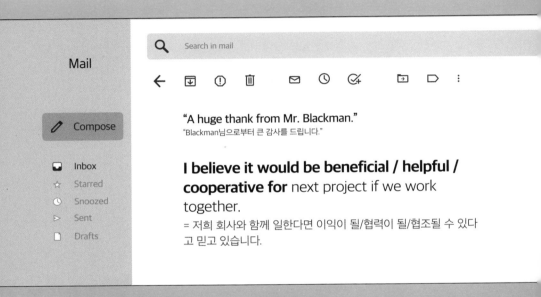

Mail

🔍 Search in mail

← 📥 ⓘ 🗑 ✉ 🕐 ☑ ↪ 🏷 ⋮

✏ Compose

📥 Inbox
☆ Starred
🕐 Snoozed
▷ Sent
🗋 Drafts

"A huge thank from Mr. Blackman."
"Blackman님으로부터 큰 감사를 드립니다."

I believe it would be beneficial / helpful / cooperative for next project if we work together.
= 저희 회사와 함께 일한다면 이익이 될/협력이 될/협조될 수 있다고 믿고 있습니다.

'비즈니스 제안하기' 이메일 샘플

Q Search in mail

← 📥 ⚠ 🗑 ✉ 🕐 ✅ 📤 🏷 ⋮

We are excited to be partnering with Luso Biotics!

Hello Mr. Wells,

I hope this email finds you well.
Last Wednesday, we discuss about the partnership
between Moheala Engineering and Luso Biotics. **Since
Luso Biotics is looking to** broaden its client base, and
Moheala Engineering is looking for providing more
opportunities for the global distribution of its products,
I believe it would be mutually beneficial for our
companies if we work together.

Mail

✏ Compose

📥 Inbox
☆ Starred
🕐 Snoozed
▷ Sent
📄 Drafts

Labels

'비즈니스 제안하기' 이메일 샘플

Q Search in mail

←

저희는 Luso Biotics와 파트너를 맺을 수 있게 되어 기쁩니다!

Mail

Compose

Inbox
Starred
Snoozed
Sent
Drafts

안녕하세요, Wells 씨.

잘 지내고 계시기를 바랍니다. 지난 수요일 저희가 만나서 Moheala Engineering와 Luso Biotics의 파트너십에 대해 논의 하였습니다. **Luso Biotics는 고객의 폭을 확대하고 싶고, Moheala Engineering는 세계적으로 제품을 공급하고 하기 때문에,** 저희 회사들이 같이 일을 하면 **서로에게 유익할 것이라고 믿습니다.**

Labels

3. 문제점 확인 요청하기

[이메일 주요 표현]

"~에 문제가 있는 것 같습니다."

> There seems to be a problem with ~.

> There seems to be an issue with ~.

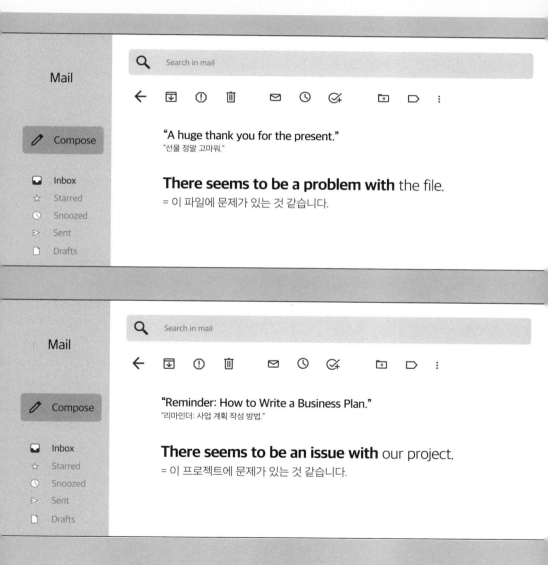

Mail

Search in mail

Compose

Inbox
Starred
Snoozed
Sent
Drafts

"A huge thank you for the present."
"선물 정말 고마워."

There seems to be a problem with the file.
= 이 파일에 문제가 있는 것 같습니다.

Mail

Search in mail

Compose

Inbox
Starred
Snoozed
Sent
Drafts

"Reminder: How to Write a Business Plan."
"리마인더: 사업 계획 작성 방법."

There seems to be an issue with our project.
= 이 프로젝트에 문제가 있는 것 같습니다.

[이메일 주요 표현]

" ~ 확인해주실 수 있나요?"
> Could you check ~ .

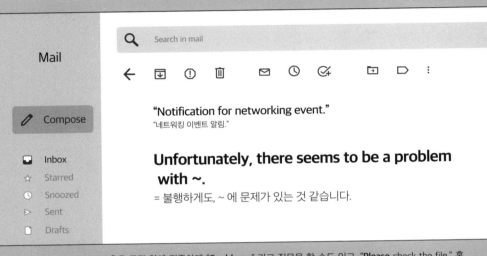

"Notification for networking event."
"네트워킹 이벤트 알림."

Unfortunately, there seems to be a problem with ~.
= 불행하게도, ~ 에 문제가 있는 것 같습니다.

* 혹은 문장 앞에 정중하게 **"Could you"** 라고 질문을 할 수도 있고, **"Please** check the file," 혹은 **"Please** send me the file again" 이라고 정중히 요청 할 수도 있다.

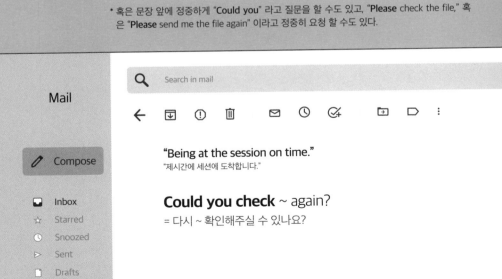

"Being at the session on time."
"제시간에 세션에 도착합니다."

Could you check ~ again?
= 다시 ~ 확인해주실 수 있나요?

[이메일 주요 표현]

추가) Could you - 대신 '요청'할 때 필요한 다른 표현들.

" ~해주시면 진심으로 감사드립니다."

> I'd really appreciate it if you could ~

> I'd be very grateful if you could ~

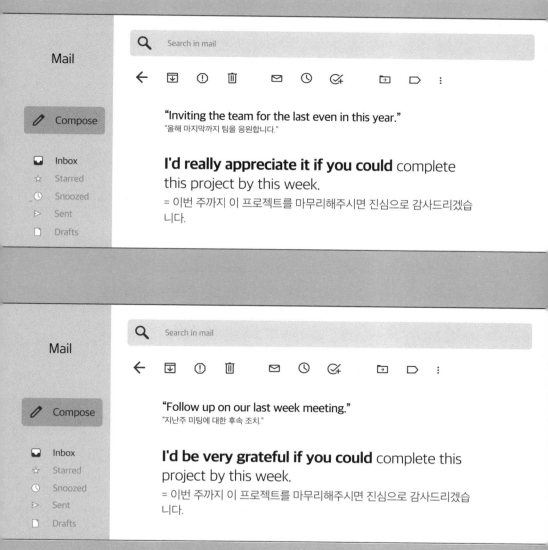

Mail

Search in mail

Compose

Inbox
Starred
Snoozed
Sent
Drafts

"Inviting the team for the last even in this year."
"올해 마지막까지 팀을 응원합니다."

I'd really appreciate it if you could complete this project by this week.

= 이번 주까지 이 프로젝트를 마무리해주시면 진심으로 감사드리겠습니다.

Mail

Search in mail

Compose

Inbox
Starred
Snoozed
Sent
Drafts

"Follow up on our last week meeting."
"지난주 미팅에 대한 후속 조치."

I'd be very grateful if you could complete this project by this week.

= 이번 주까지 이 프로젝트를 마무리해주시면 진심으로 감사드리겠습니다.

[이메일 주요 표현]

"~ 하시면 많은 도움이 될 것입니다."
> It would be very helpful if you could ~

"~ 해도 되는지 여쭤봅니다."
> I was wondering if you could/would

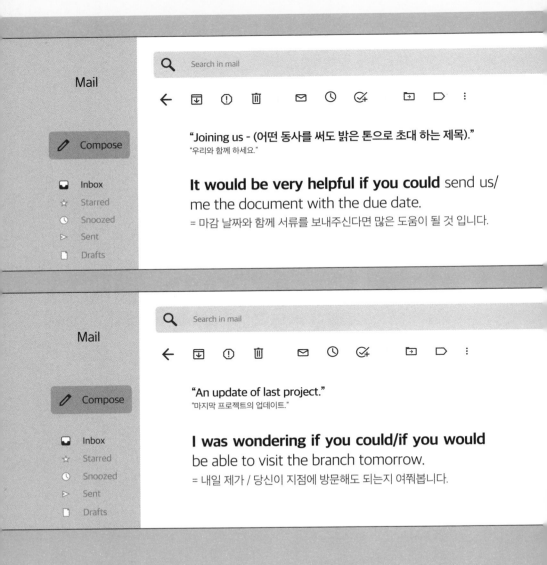

Mail

Q Search in mail

"Joining us - (어떤 동사를 써도 밝은 톤으로 초대 하는 제목)."
"우리와 함께 하세요."

It would be very helpful if you could send us/
me the document with the due date.
= 마감 날짜와 함께 서류를 보내주신다면 많은 도움이 될 것 입니다.

Compose

Inbox
Starred
Snoozed
Sent
Drafts

Mail

Q Search in mail

"An update of last project."
"마지막 프로젝트의 업데이트."

I was wondering if you could/if you would
be able to visit the branch tomorrow.
= 내일 제가 / 당신이 지점에 방문해도 되는지 여쭤봅니다.

Compose

Inbox
Starred
Snoozed
Sent
Drafts

[이메일 주요 표현]

"가능하다면, ~하고 싶습니다."
> If possible, I'd like to ~

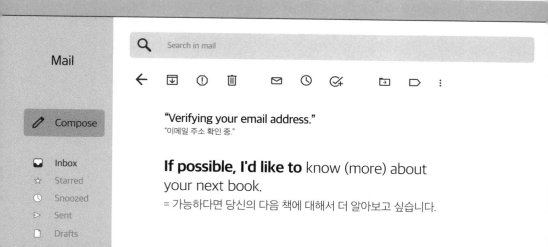

Mail

🔍 Search in mail

← ⤓ ⓘ 🗑   ✉ 🕐 ✅   📥 🏷 ⋮

✏ Compose

📥 Inbox
☆ Starred
🕐 Snoozed
▷ Sent
📄 Drafts

"Verifying your email address."
"이메일 주소 확인 중."

If possible, I'd like to know (more) about your next book.
= 가능하다면 당신의 다음 책에 대해서 더 알아보고 싶습니다.

'문제점 확인 요청하기' 이메일 샘플

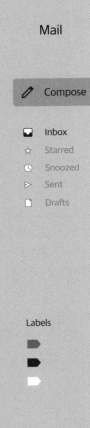

Mail

Q Search in mail

← ⬇ ⊙ 🗑   ✉ 🕐 ☑   📤 ▷ ⋮

Request for updated PPT file.

Hi Daniel,

I hope you are doing well! I'm writing in respect to the last PPT file you sent us.
We have tried to open the file, **but there seems to be a problem with** the file because none of our computers can access the file. **I would be very grateful if you could** send the file again.

Mail

🔍 Search in mail

← 📥 ⓘ 🗑   ✉ 🕐 ☑   📂 🏷 ⋮

✏ Compose

📥 Inbox
☆ Starred
🕐 Snoozed
▷ Sent
📄 Drafts

새로운 PPT 파일 요청.

안녕하세요, 다니엘.

잘 지내고 계시길 바랍니다. 보내주신 마지막 PPT파일에 대해 이메일 드립니다.
보내주신 파일을 열어보려 했지만 **파일에 문제가 있는 듯합니다.** 아무도 파일을 열어볼 수가 없었습니다. 새로운 파일을 보내주시면 감사하겠습니다.

Labels

━▶
━▶
━▷

* 마지막 문장의 I would be very grateful if you send the file again이라는 표현은 Could you please send the file again?과 같은 맥락의 문장이다. 회화체에서는 간단히 could you please-를 쓰는게 더 용이하지만 비즈니스 이메일에서는 I would appreciate it 혹은 I would be very grateful if you could-로 정중하게 표현하는 방법이 더 자연스럽다.

4. 고객에게 의사 표시하기

[이메일 주요 표현]

"이 기회를 삼아서 ~."

> I would like to take this opportunity to ~

* 이 이메일을 보내는 기회를 삼아서 하고 싶은 말이 있을 때 사용 할 수 있는 표현이다.

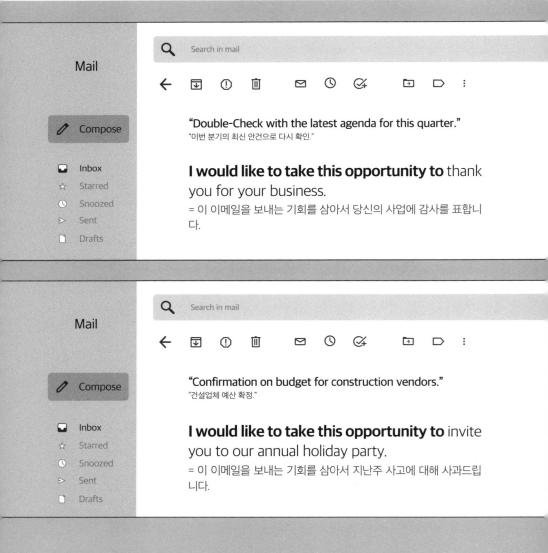

Mail

Q Search in mail

Compose

Inbox
Starred
Snoozed
Sent
Drafts

"Double-Check with the latest agenda for this quarter."
"이번 분기의 최신 안건으로 다시 확인."

I would like to take this opportunity to thank you for your business.
= 이 이메일을 보내는 기회를 삼아서 당신의 사업에 감사를 표합니다.

Mail

Q Search in mail

Compose

Inbox
Starred
Snoozed
Sent
Drafts

"Confirmation on budget for construction vendors."
"건설업체 예산 확정."

I would like to take this opportunity to invite you to our annual holiday party.
= 이 이메일을 보내는 기회를 삼아서 지난주 사고에 대해 사과드립니다.

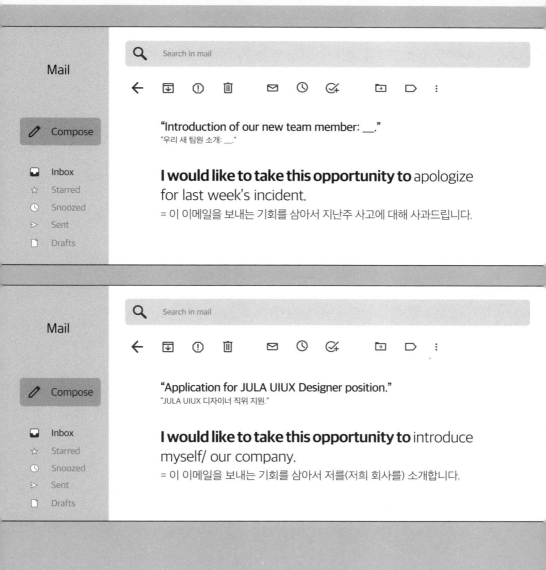

Mail

🔍 Search in mail

← ⤓ ⓘ 🗑   ✉ 🕐 ✅   ➡ 🏷 ⋮

"Introduction of our new team member: __."
"우리 새 팀원 소개: __."

I would like to take this opportunity to apologize for last week's incident.
= 이 이메일을 보내는 기회를 삼아서 지난주 사고에 대해 사과드립니다.

✏ Compose

📥 Inbox
☆ Starred
🕐 Snoozed
▷ Sent
📄 Drafts

Mail

🔍 Search in mail

← ⤓ ⓘ 🗑   ✉ 🕐 ✅   ➡ 🏷 ⋮

"Application for JULA UIUX Designer position."
"JULA UIUX 디자이너 직위 지원."

I would like to take this opportunity to introduce myself/ our company.
= 이 이메일을 보내는 기회를 삼아서 저를(저희 회사를) 소개합니다.

✏ Compose

📥 Inbox
☆ Starred
🕐 Snoozed
▷ Sent
📄 Drafts

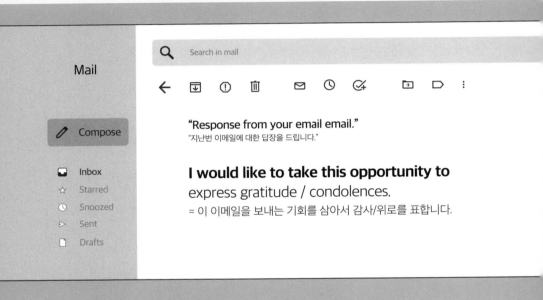

Mail

Q Search in mail

← ⬇ ⓘ 🗑 ✉ 🕐 ✅ 📥 🏷 ⋮

✏ Compose

📥 Inbox
☆ Starred
🕐 Snoozed
▷ Sent
📄 Drafts

"Response from your email email."
"지난번 이메일에 대한 답장을 드립니다."

I would like to take this opportunity to
express gratitude / condolences.
= 이 이메일을 보내는 기회를 삼아서 감사/위로를 표합니다.

4. 고객에게 의사 표시하기

[이메일 주요 표현]

"도움이 필요하시면 저희에게 연락을 주세요."

> If you need any further assistance, please do not hesitate to contact us at ~

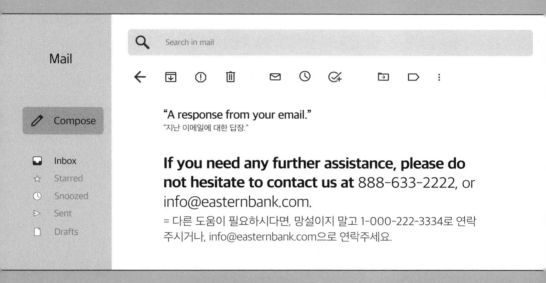

Mail

🔍 Search in mail

← 📥 ⓘ 🗑 ✉ 🕐 ✅ ↪ 🏷 ⋮

✏ Compose

📭 Inbox
☆ Starred
🕐 Snoozed
▷ Sent
📄 Drafts

"A response from your email."
"지난 이메일에 대한 답장."

If you need any further assistance, please do not hesitate to contact us at 888-633-2222, or info@easternbank.com.

= 다른 도움이 필요하시다면, 망설이지 말고 1-000-222-3334로 연락주시거나, info@easternbank.com으로 연락주세요.

[이메일 주요 표현]

그 외 다른 표현들

" ~ 하면 연락주세요. / 편하게 ~로 연락주세요."

> Let us know if you ~

> Feel free to ~

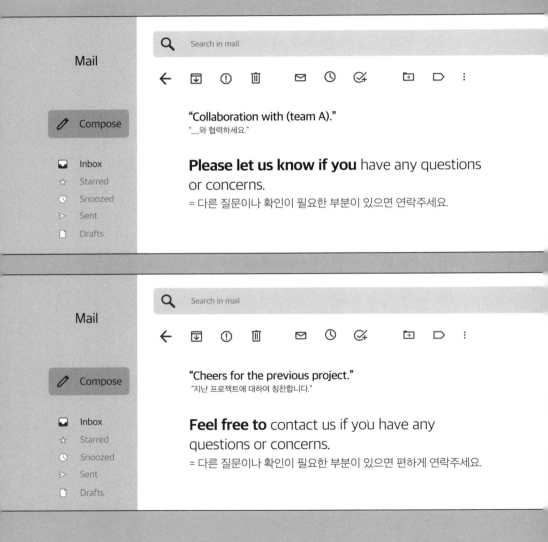

Mail

Compose

Inbox
Starred
Snoozed
Sent
Drafts

Search in mail

"Collaboration with (team A)."
"__와 협력하세요."

Please let us know if you have any questions or concerns.
= 다른 질문이나 확인이 필요한 부분이 있으면 연락주세요.

Mail

Compose

Inbox
Starred
Snoozed
Sent
Drafts

Search in mail

"Cheers for the previous project."
"지난 프로젝트에 대하여 칭찬합니다."

Feel free to contact us if you have any questions or concerns.
= 다른 질문이나 확인이 필요한 부분이 있으면 편하게 연락주세요.

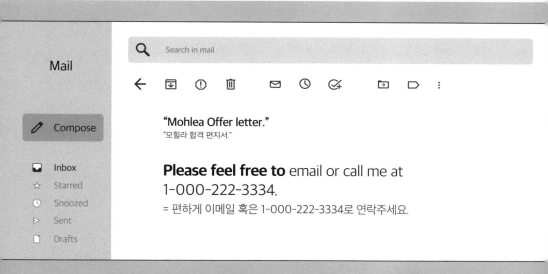

Mail

🔍 Search in mail

✏️ Compose

📥 Inbox
⭐ Starred
🕐 Snoozed
▷ Sent
📄 Drafts

"Mohlea Offer letter."
"모힐라 합격 편지서."

Please feel free to email or call me at 1-000-222-3334.

= 편하게 이메일 혹은 1-000-222-3334로 연락주세요.

'고객에게 의사 표시하기' 이메일 샘플

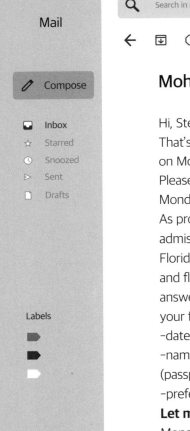

Q Search in mail

Mohlea Offer letter.

Hi, Stella.
That's wonderful news! Sounds like you can begin
on Monday after all. Hooray!
Please come to the Admission Office at 8am this
Monday, the 22nd.
As promised, I have registered you for a two-day
admission training that will take place in Orlando,
Florida, September 13-14. You'll fly down on the 12th
and fly back on the 14th. Would you send me the
answers to the following questions so I can book
your flight?
-date of birth
-name on the legal document you use to fly
(passport or driver's license)
-preference for aisle or window seat
Let me know if you have any questions before
Monday. I look forward to seeing you soon!
Best-
Angela

Mail

Search in mail

Compose

Inbox
Starred
Snoozed
Sent
Drafts

Labels

모힐라 합격 편지서.

스텔라에게

좋은 소식이군요! 월요일부터 출근할 수 있다는 이야기로 들리네요.!

어드미션 오피스로 22일 월요일 8시까지 도착하세요.
이야기한 바와 같이 이틀 동안의 트레이닝을 신청할 예정입니다. 트레이닝은 플로리다 올랜도에서 9월 13일부터 14일까지 진행될 것입니다. 12일에 출발하여 14일에 돌아오는 일정입니다. 티켓 예약을 위해서 아래 정보를 전달해줄수 있을까요?

-생년월일
-여권에 적힌 이름
-창가 혹은 복도 중 선호하는 좌석

월요일 출근 전까지 질문**있다면 연락주세요.** 곧 만나기를 기대합니다!

안젤라가.

5. 답장으로 첨부파일 보내기

[이메일 주요 표현]

"~ 에 대한 답변 보내드립니다."
> I am writing in response to ~

"당신의 질문에 답을 드리자면 ~"
> In response to your question, ~

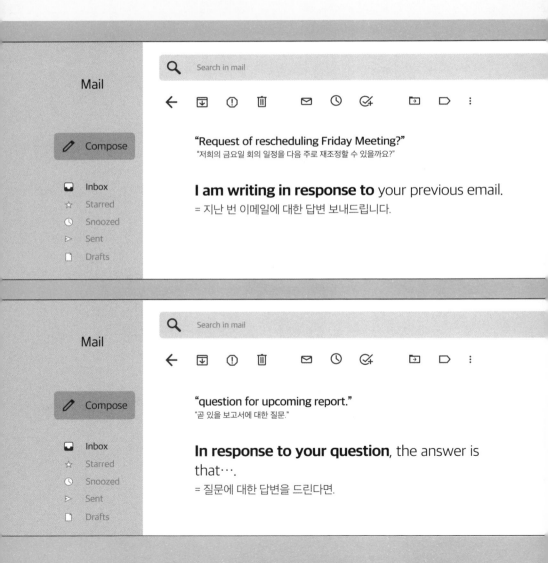

Mail

🔍 Search in mail

Compose

📥 Inbox
⭐ Starred
🕐 Snoozed
▷ Sent
📄 Drafts

"Request of rescheduling Friday Meeting?"
"저희의 금요일 회의 일정을 다음 주로 재조정할 수 있을까요?"

I am writing in response to your previous email.
= 지난 번 이메일에 대한 답변 보내드립니다.

Mail

🔍 Search in mail

Compose

📥 Inbox
⭐ Starred
🕐 Snoozed
▷ Sent
📄 Drafts

"question for upcoming report."
"곧 있을 보고서에 대한 질문."

In response to your question, the answer is that···.
= 질문에 대한 답변을 드린다면.

[이메일 주요 표현]

"첨부 ~ 보내드립니다."

> I have attached ~.

> I am attaching ~.

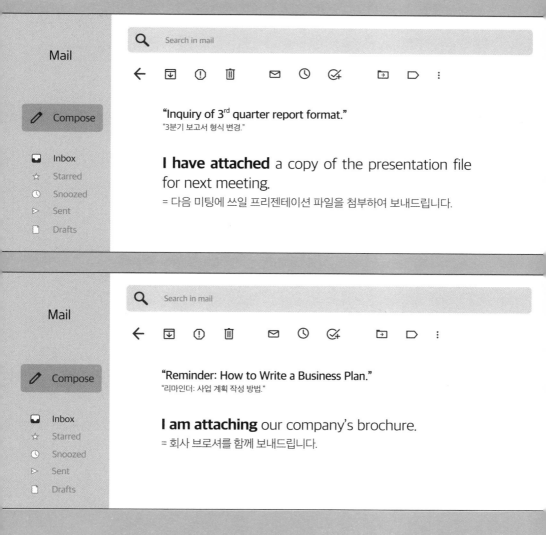

Mail

Q Search in mail

← ⬇ ① 🗑 ✉ 🕐 ☑ 📥 🏷 ⋮

"Inquiry of 3ʳᵈ quarter report format."
"3분기 보고서 형식 변경."

I have attached a copy of the presentation file for next meeting.

= 다음 미팅에 쓰일 프리젠테이션 파일을 첨부하여 보내드립니다.

Compose

Inbox
☆ Starred
🕐 Snoozed
▷ Sent
📄 Drafts

Mail

Q Search in mail

← ⬇ ① 🗑 ✉ 🕐 ☑ 📥 🏷 ⋮

"Reminder: How to Write a Business Plan."
"리마인더: 사업 계획 작성 방법."

I am attaching our company's brochure.

= 회사 브로셔를 함께 보내드립니다.

Compose

Inbox
☆ Starred
🕐 Snoozed
▷ Sent
📄 Drafts

[이메일 주요 표현]

"첨부 ~ 확인 부탁드립니다."
> Please check the attached ~

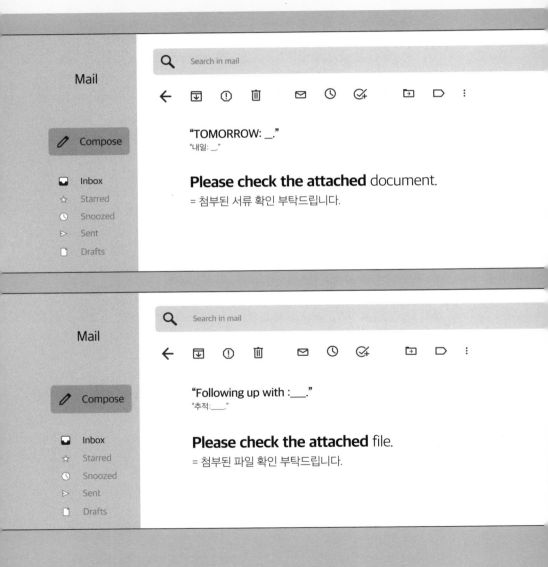

Mail

Q Search in mail

← 📥 ① 🗑 ✉ 🕐 ☑ 📤 🏷 ⋮

"TOMORROW: _."
"내일: _."

Please check the attached document.
= 첨부된 서류 확인 부탁드립니다.

Compose

📥 Inbox
☆ Starred
🕐 Snoozed
▷ Sent
📄 Drafts

Mail

Q Search in mail

← 📥 ① 🗑 ✉ 🕐 ☑ 📤 🏷 ⋮

"Following up with :___."
"추적:___."

Please check the attached file.
= 첨부된 파일 확인 부탁드립니다.

Compose

📥 Inbox
☆ Starred
🕐 Snoozed
▷ Sent
📄 Drafts

Mail

Q Search in mail

← 🔽 ① 🗑 ✉ 🕓 ☑ 🔁 ▷ ⋮

"Deadline :___."
"데드라인:___."

Please check the attached brochure.

= 첨부된 브로셔 확인 부탁드립니다.

[이메일 주요 표현]

"아래에 ~ 확인 후에 제게 알려주시기 바랍니다."

> Please confirm with me after you check ~ below.

"첨부 ~ 확인하시고 문의 사항이 있으시면 ~ 연락주세요."

> Please check the attached document and ~ if you have any questions.

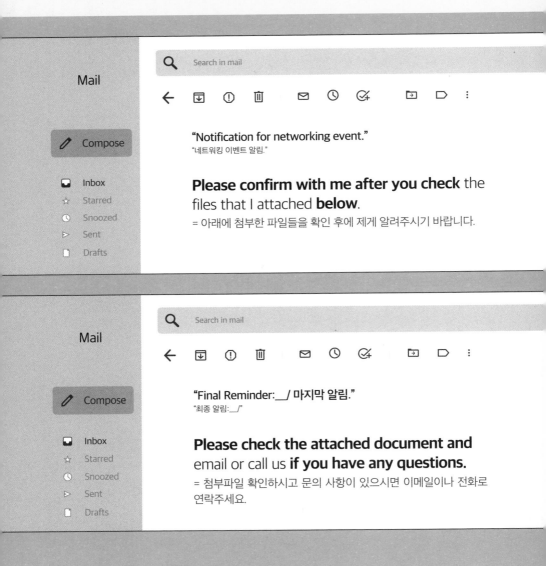

Mail

🔍 Search in mail

✏️ Compose

📥 Inbox
⭐ Starred
🕐 Snoozed
▷ Sent
🗋 Drafts

"Notification for networking event."
"네트워킹 이벤트 알림."

Please confirm with me after you check the files that I attached **below**.

= 아래에 첨부한 파일들을 확인 후에 제게 알려주시기 바랍니다.

Mail

🔍 Search in mail

✏️ Compose

📥 Inbox
⭐ Starred
🕐 Snoozed
▷ Sent
🗋 Drafts

"Final Reminder:__/ 마지막 알림."
"최종 알림:__/"

Please check the attached document and email or call us **if you have any questions**.

= 첨부파일 확인하시고 문의 사항이 있으시면 이메일이나 전화로 연락주세요.

[이메일 주요 표현]

* 그 외 '첨부'를 위한 표현들

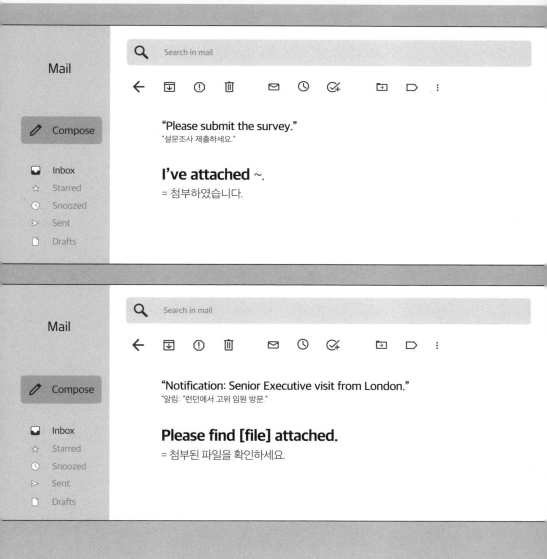

Q Search in mail

← 🔽 ⓘ 🗑 ✉ 🕐 ☑ ➡ 🏷 ⋮

"Please submit the survey."
"설문조사 제출하세요."

I've attached ~.

= 첨부하였습니다.

Q Search in mail

← 🔽 ⓘ 🗑 ✉ 🕐 ☑ ➡ 🏷 ⋮

"Notification: Senior Executive visit from London."
"알림: "런던에서 고위 임원 방문.""

Please find [file] attached.

= 첨부된 파일을 확인하세요.

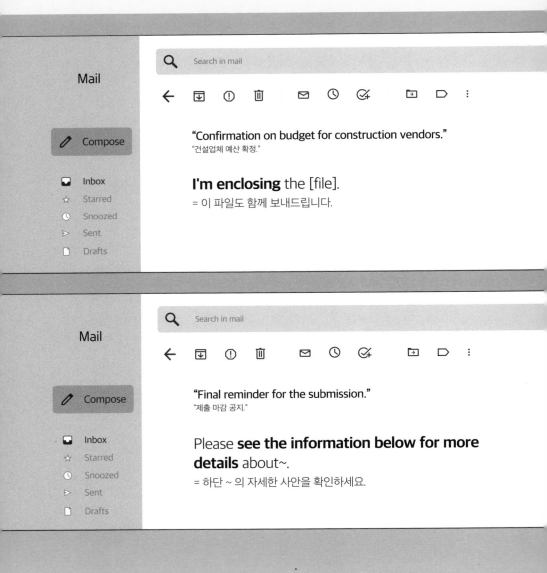

Mail

Q Search in mail

← ⊡ ⓘ 🗑 ✉ 🕐 ✔ ⬀ 🏷 ⋮

"Confirmation on budget for construction vendors."
"건설업체 예산 확정."

I'm enclosing the [file].
= 이 파일도 함께 보내드립니다.

Mail

Q Search in mail

← ⊡ ⓘ 🗑 ✉ 🕐 ✔ ⬀ 🏷 ⋮

"Final reminder for the submission."
"제출 마감 공지."

Please see the information below for more details about~.
= 하단 ~ 의 자세한 사안을 확인하세요.

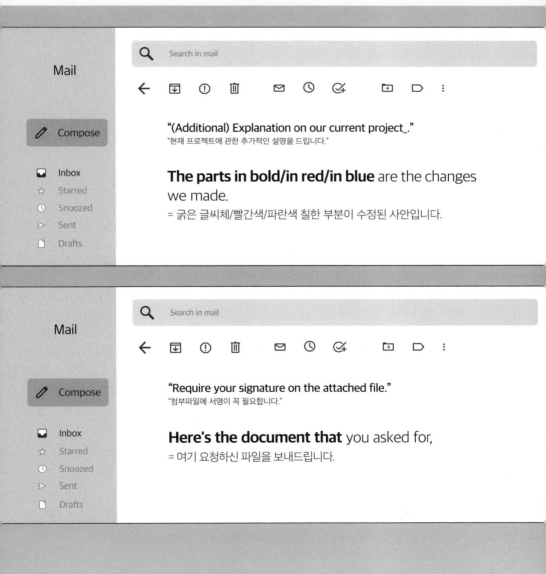

Mail

Search in mail

← 🔽 ① 🗑 ✉ 🕐 ☑ ↪ 🏷 ⋮

Compose

📥 Inbox
☆ Starred
🕐 Snoozed
▷ Sent
🗋 Drafts

"(Additional) Explanation on our current project_."
"현재 프로젝트에 관한 추가적인 설명을 드립니다."

The parts in bold/in red/in blue are the changes we made.
= 굵은 글씨체/빨간색/파란색 칠한 부분이 수정된 사안입니다.

Mail

Search in mail

← 🔽 ① 🗑 ✉ 🕐 ☑ ↪ 🏷 ⋮

Compose

📥 Inbox
☆ Starred
🕐 Snoozed
▷ Sent
🗋 Drafts

"Require your signature on the attached file."
"첨부파일에 서명이 꼭 필요합니다."

Here's the document that you asked for,
= 여기 요청하신 파일을 보내드립니다.

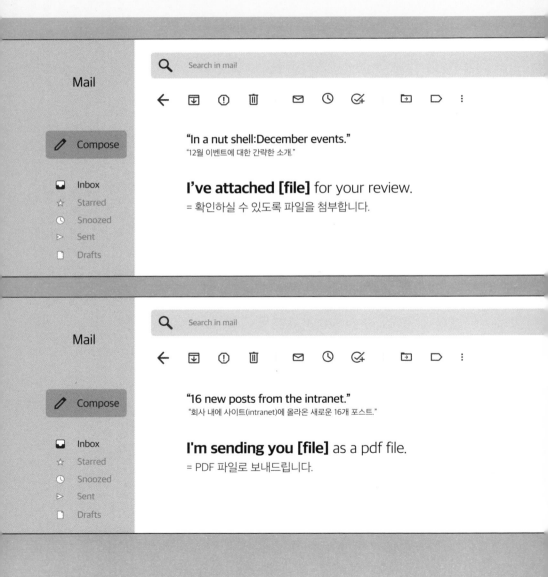

Mail

Q Search in mail

← 🔽 ⓘ 🗑 ✉ 🕐 ✓ 📤 ▷ ⋮

"In a nut shell:December events."
"12월 이벤트에 대한 간략한 소개."

I've attached [file] for your review.
= 확인하실 수 있도록 파일을 첨부합니다.

Mail

Q Search in mail

← 🔽 ⓘ 🗑 ✉ 🕐 ✓ 📤 ▷ ⋮

"16 new posts from the intranet."
"회사 내에 사이트(intranet)에 올라온 새로운 16개 포스트."

I'm sending you [file] as a pdf file.
= PDF 파일로 보내드립니다.

Compose

📥 Inbox
☆ Starred
🕐 Snoozed
▷ Sent
📄 Drafts

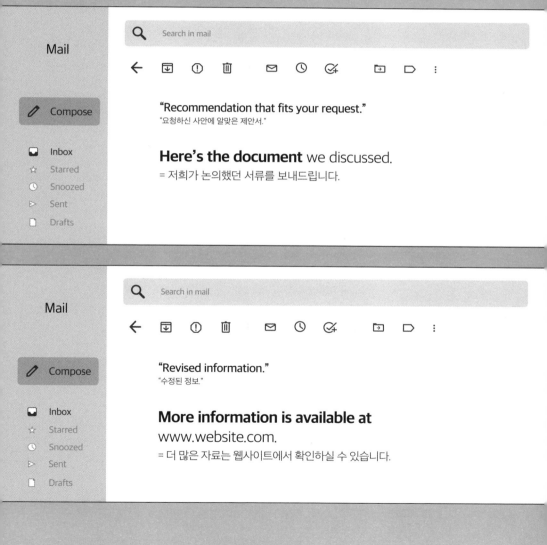

Mail

Q Search in mail

Compose

Inbox
Starred
Snoozed
Sent
Drafts

"Recommendation that fits your request."
"요청하신 사안에 알맞은 제안서."

Here's the document we discussed.
= 저희가 논의했던 서류를 보내드립니다.

Mail

Q Search in mail

Compose

Inbox
Starred
Snoozed
Sent
Drafts

"Revised information."
"수정된 정보."

More information is available at
www.website.com.
= 더 많은 자료는 웹사이트에서 확인하실 수 있습니다.

'답장으로 첨부파일 보내기' 이메일 샘플

Q Search in mail

Mail

Compose

Inbox
Starred
Snoozed
Sent
Drafts

Please check the Attached Brochure for winter camp.

Hello Jisu,

I am writing in response to your inquiry about our winter program. Currently we are offering three programs including writing sessions, and reading, discussion class. In case you haven't received it, **I have attached** a copy of the brochure of the winter program.

Labels

Mail

🔍 Search in mail

← 📥 ① 🗑 ✉ 🕐 ✅ 📁 🏷 ⋮

첨부된 겨울캠프 브로셔를 확인 바랍니다.

✏ Compose

📥 Inbox
☆ Starred
🕐 Snoozed
▷ Sent
📄 Drafts

지수 씨에게,

겨울캠프에 관련된 질문에 답변을 드리고자 이메일을 보냅니다. 현재 저희는 글쓰기와 읽기 세션을 포함하여 3가지 프로그램을 진행하고 있습니다. 만약 못 받으셨을 것을 대비하여 겨울캠프 브로셔를 **첨부파일로 보내드립니다.**

Labels

6. 약속 요청/변경하기

[이메일 주요 표현]

"언제 시간 가능한지 말씀해주세요."

> Please let me know when ~.

> Please let me know of ~.

> Please let me know if ~.

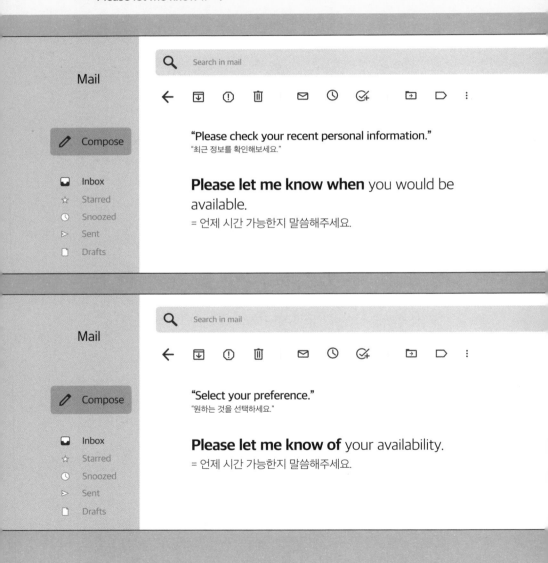

Mail

🔍 Search in mail

✏️ Compose

📥 Inbox
⭐ Starred
🕐 Snoozed
▷ Sent
🗋 Drafts

"Please check your recent personal information."
"최근 정보를 확인해보세요."

Please let me know when you would be available.

= 언제 시간 가능한지 말씀해주세요.

Mail

🔍 Search in mail

✏️ Compose

📥 Inbox
⭐ Starred
🕐 Snoozed
▷ Sent
🗋 Drafts

"Select your preference."
"원하는 것을 선택하세요."

Please let me know of your availability.

= 언제 시간 가능한지 말씀해주세요.

Mail

🔍 Search in mail

← 🔽 ⓘ 🗑 ✉ 🕐 ☑ 📥 ▷ ⋮

✏ Compose

📥 Inbox
☆ Starred
🕐 Snoozed
▷ Sent
📄 Drafts

"Christmas event at Grove House."
"그로브 하우스에서 열리는 행사."

Please let me know if any of these times work for you.

= 제가 제안한 시간에 만날 수 있는지 말씀주세요.

[이메일 주요 표현]

"~에 미팅이 가능하신지 궁금합니다. / ~에 미팅 시간이 가능하신가요?"

> I was wondering if you would be available for a meeting ~.

> Would you be available for a meeting ~?

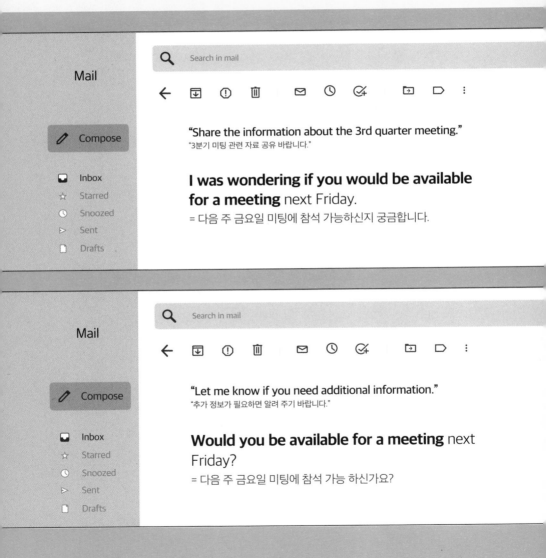

Mail

🔍 Search in mail

← 📥 ⓘ 🗑 ✉ 🕐 🖋 📤 🏷 ⋮

✏ Compose

📥 Inbox
☆ Starred
🕐 Snoozed
▷ Sent
📄 Drafts

"Share the information about the 3rd quarter meeting."
"3분기 미팅 관련 자료 공유 바랍니다."

I was wondering if you would be available for a meeting next Friday.

= 다음 주 금요일 미팅에 참석 가능하신지 궁금합니다.

Mail

🔍 Search in mail

← 📥 ⓘ 🗑 ✉ 🕐 🖋 📤 🏷 ⋮

✏ Compose

📥 Inbox
☆ Starred
🕐 Snoozed
▷ Sent
📄 Drafts

"Let me know if you need additional information."
"추가 정보가 필요하면 알려 주기 바랍니다."

Would you be available for a meeting next Friday?

= 다음 주 금요일 미팅에 참석 가능 하신가요?

[이메일 주요 표현]

"~와 ~시간에 미팅을 요청하고 싶습니다."

> I would like to request for a meeting ~.

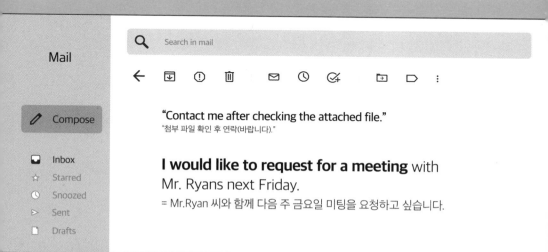

Mail

🔍 Search in mail

✏️ Compose

📥 Inbox
☆ Starred
🕐 Snoozed
▷ Sent
📄 Drafts

"Contact me after checking the attached file."
"첨부 파일 확인 후 연락(바랍니다)."

I would like to request for a meeting with Mr. Ryans next Friday.

= Mr.Ryan 씨와 함께 다음 주 금요일 미팅을 요청하고 싶습니다.

[이메일 주요 표현]

"미팅 날짜를 ~로 확정하고 싶습니다."
> I would like to confirm ~.
> I am emailing to confirm ~.
> Could you confirm ~?

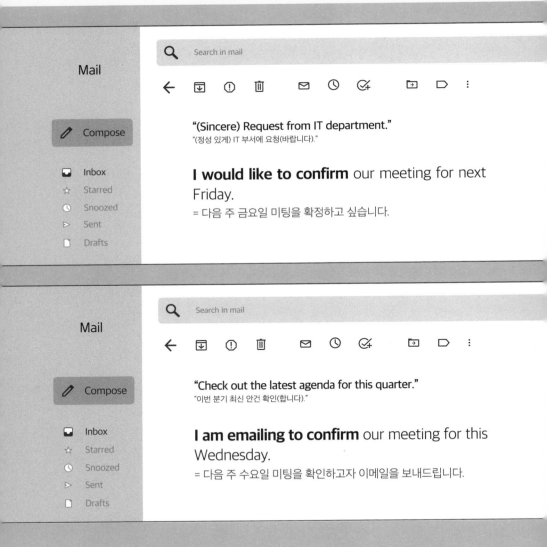

Mail

Q Search in mail

← 📥 ① 🗑 ✉ 🕐 ✅ 📤 🏷 ⋮

"(Sincere) Request from IT department."
"(정성 있게) IT 부서에 요청(바랍니다)."

I would like to confirm our meeting for next Friday.
= 다음 주 금요일 미팅을 확정하고 싶습니다.

Compose

📥 Inbox
☆ Starred
🕐 Snoozed
▷ Sent
📄 Drafts

Mail

Q Search in mail

← 📥 ① 🗑 ✉ 🕐 ✅ 📤 🏷 ⋮

"Check out the latest agenda for this quarter."
"이번 분기 최신 안건 확인(합니다)."

I am emailing to confirm our meeting for this Wednesday.
= 다음 주 수요일 미팅을 확인하고자 이메일을 보내드립니다.

Compose

📥 Inbox
☆ Starred
🕐 Snoozed
▷ Sent
📄 Drafts

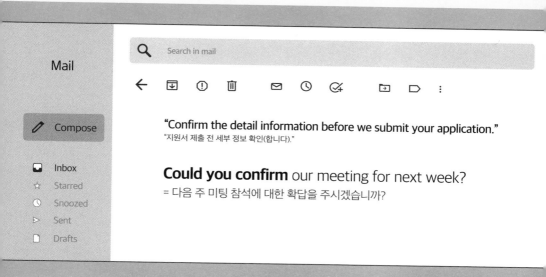

Mail

Q Search in mail

← 📥 ① 🗑 ✉ 🕐 ✔ 📤 🏷 ⋮

Compose

📥 Inbox
☆ Starred
🕐 Snoozed
▷ Sent
📄 Drafts

"Confirm the detail information before we submit your application."
"지원서 제출 전 세부 정보 확인(합니다)."

Could you confirm our meeting for next week?
= 다음 주 미팅 참석에 대한 확답을 주시겠습니까?

[이메일 주요 표현]

"미팅 날짜를 ~로 바꿔도 될까요?"

> I was wondering if we could change ~.

> Would you be available to meet ~?

> Would ~ work for you?

> Could we meet ~?

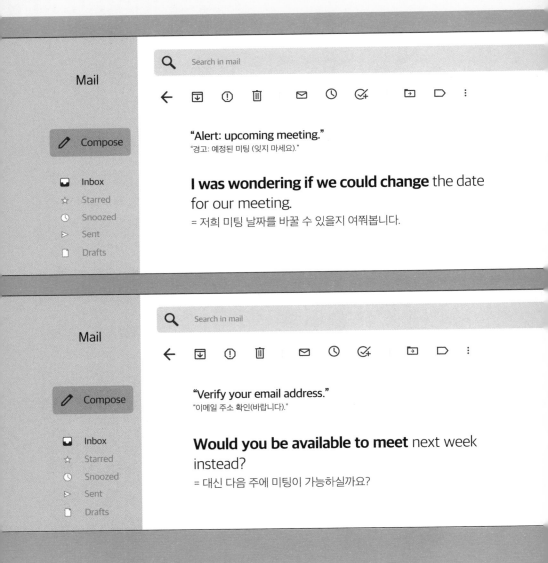

Mail

🔍 Search in mail

✏️ Compose

📥 Inbox
☆ Starred
🕐 Snoozed
▷ Sent
🗐 Drafts

"Alert: upcoming meeting."
"경고: 예정된 미팅 (잊지 마세요)."

I was wondering if we could change the date for our meeting.
= 저희 미팅 날짜를 바꿀 수 있을지 여쭤봅니다.

Mail

🔍 Search in mail

✏️ Compose

📥 Inbox
☆ Starred
🕐 Snoozed
▷ Sent
🗐 Drafts

"Verify your email address."
"이메일 주소 확인(바랍니다)."

Would you be available to meet next week instead?
= 대신 다음 주에 미팅이 가능하실까요?

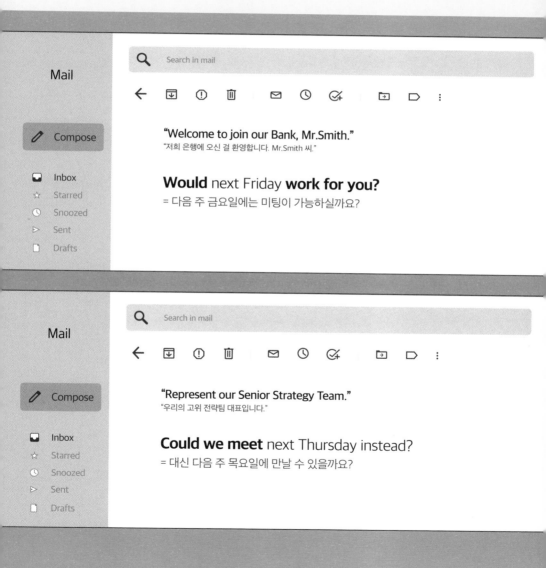

Mail

Compose

- Inbox
- Starred
- Snoozed
- Sent
- Drafts

Search in mail

"Welcome to join our Bank, Mr.Smith."
"저희 은행에 오신 걸 환영합니다. Mr.Smith 씨."

Would next Friday work for you?
= 다음 주 금요일에는 미팅이 가능하실까요?

Mail

Compose

- Inbox
- Starred
- Snoozed
- Sent
- Drafts

Search in mail

"Represent our Senior Strategy Team."
"우리의 고위 전략팀 대표입니다."

Could we meet next Thursday instead?
= 대신 다음 주 목요일에 만날 수 있을까요?

'약속 요청/변경하기' 이메일 샘플

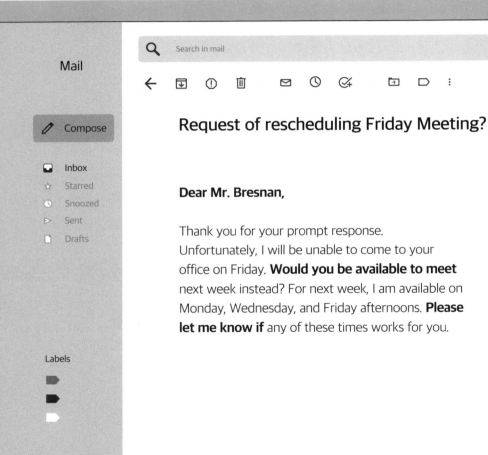

Q Search in mail

← 🔽 ① 🗑 ✉ 🕐 🗸 🗗 ▷ ⋮

저희의 금요일 회의 일정을 다음 주로 재조정할 수 있을까요?

Bresnan 씨에게,

빠른 답변 감사합니다. 유감스럽게도, 금요일에 당신의 사무실로 갈 수 없습니다. 대신 저와 다음주에 **만날 수 있을까요?** 저는 다음 주 월요일, 수요일, 그리고 금요일 오후에 시간이 됩니다. 이 시간 중에 가능하신 시간이 **있으면 말씀해주세요.**

Mail

✏ Compose

📥 Inbox
☆ Starred
🕐 Snoozed
▷ Sent
📄 Drafts

Labels

7. 거절하기

[이메일 주요 표현]

"안타깝게도/유감스럽게도 ~을 알려드립니다."
> We regret to inform you that ~.
> Unfortunately, we have to inform ~

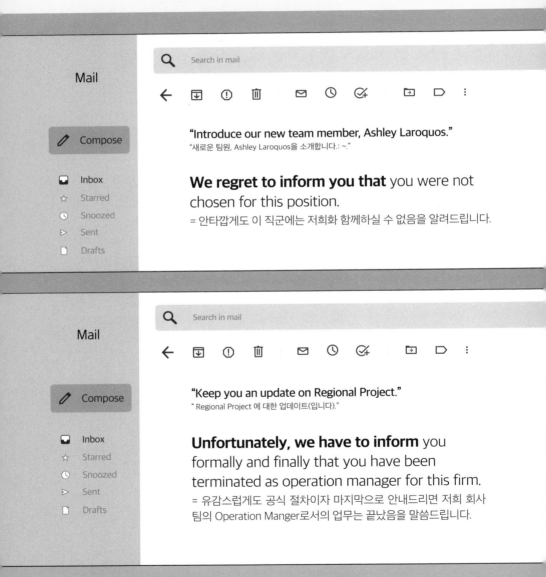

Mail

Q Search in mail

"Introduce our new team member, Ashley Laroquos."
"새로운 팀원, Ashley Laroquos을 소개합니다.: ~."

We regret to inform you that you were not chosen for this position.
= 안타깝게도 이 직군에는 저희화 함께하실 수 없음을 알려드립니다.

Mail

Q Search in mail

"Keep you an update on Regional Project."
" Regional Project 에 대한 업데이트(입니다)."

Unfortunately, we have to inform you formally and finally that you have been terminated as operation manager for this firm.
= 유감스럽게도 공식 절차이자 마지막으로 안내드리면 저희 회사 팀의 Operation Manger로서의 업무는 끝났음을 말씀드립니다.

'거절하기' 이메일 샘플

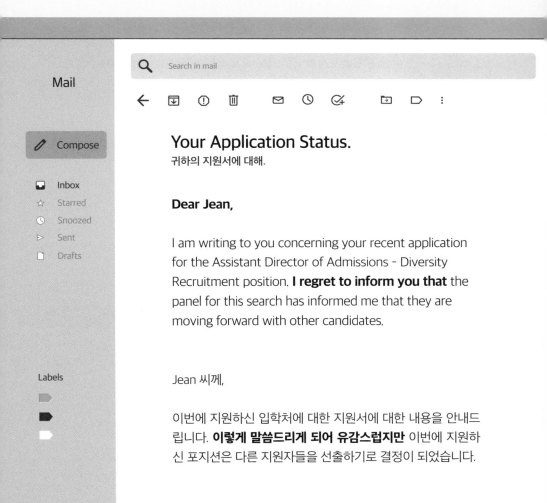

Mail

Q Search in mail

Your Application Status.
귀하의 지원서에 대해.

Dear Jean,

I am writing to you concerning your recent application for the Assistant Director of Admissions - Diversity Recruitment position. **I regret to inform you that** the panel for this search has informed me that they are moving forward with other candidates.

Jean 씨께,

이번에 지원하신 입학처에 대한 지원서에 대한 내용을 안내드립니다. **이렇게 말씀드리게 되어 유감스럽지만** 이번에 지원하신 포지션은 다른 지원자들을 선출하기로 결정이 되었습니다.

Compose

Inbox
Starred
Snoozed
Sent
Drafts

Labels

8. 이벤트 초대하기

[이메일 주요 표현]

"당신을 ~로 초대합니다."

> You are invited to ~.

"당신을 ~로 초대하게 되어 기쁩니다."

> It is my pleasure to invite you to ~.

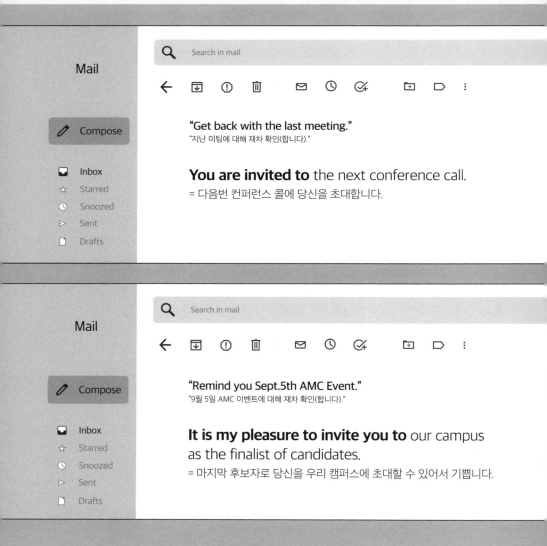

Mail

Compose

- Inbox
- ☆ Starred
- Snoozed
- ▷ Sent
- Drafts

"Get back with the last meeting."
"지난 미팅에 대해 재차 확인(합니다)."

You are invited to the next conference call.
= 다음번 컨퍼런스 콜에 당신을 초대합니다.

Mail

Compose

- Inbox
- ☆ Starred
- Snoozed
- ▷ Sent
- Drafts

"Remind you Sept.5th AMC Event."
"9월 5일 AMC 이벤트에 대해 재차 확인(합니다)."

It is my pleasure to invite you to our campus as the finalist of candidates.
= 마지막 후보자로 당신을 우리 캠퍼스에 초대할 수 있어서 기쁩니다.

[이메일 주요 표현]

"저희는 당신을 ~로 초대하고 싶습니다."
> We would like to invite you to ~.

"저희와 ~에 함께해주세요."
> Please join us for ~.

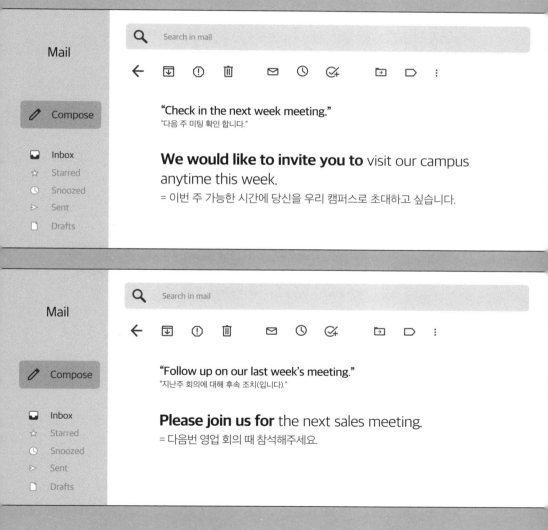

Mail

Q Search in mail

Compose

Inbox
Starred
Snoozed
Sent
Drafts

"Check in the next week meeting."
"다음 주 미팅 확인 합니다."

We would like to invite you to visit our campus anytime this week.
= 이번 주 가능한 시간에 당신을 우리 캠퍼스로 초대하고 싶습니다.

Mail

Q Search in mail

Compose

Inbox
Starred
Snoozed
Sent
Drafts

"Follow up on our last week's meeting."
"지난주 회의에 대해 후속 조치(입니다)."

Please join us for the next sales meeting.
= 다음번 영업 회의 때 참석해주세요.

'이벤트 초대하기' 이메일 샘플

Mail

🔍 Search in mail

← ⬇ ⓘ 🗑 ✉ 🕐 ☑ ➡ ▷ ⋮

Request of rescheduling Friday Meeting?

Hello Mr. Martin,

I hope this email finds you well.
We are delighted to have you as a new member of the
business department team.
Every spring we have an annual event for the newly
hired employee orientation, and **we would like to
invite you to** the event.
I have attached the dress code and the schedule
including the listing location.
Feel free to reach me if you have any questions.

Thank you!
John Smith
Human Resource Department

✏ Compose

📥 Inbox
☆ Starred
🕐 Snoozed
▷ Sent
📄 Drafts

Labels

Mail

Q Search in mail

Compose

Inbox
☆ Starred
Snoozed
▷ Sent
Drafts

Labels

저희의 금요일 회의 일정을 다음 주로 재조정할 수 있을까요?

마틴 씨에게,

저희 비즈니스팀에 오신 것을 환영합니다.
매년 봄에 새로 입사한 분들을 우한 오리엔테이션이 열리고 있어서, 오리엔테이션에 마틴씨를 **초대하고 싶습니다.**
첨부된 파일에 입고 오셔야 하는 의상과 스케줄 및 장소가 있습니다.
질문이 있으면 언제든지 연락주세요.

감사합니다.
존스미스
인사과에서

9. 정보 공유하기

[이메일 주요 표현]

" ~을 기억하세요."

> Please be informed of ~.

" ~ 을 안내드립니다."

> Informing ~.

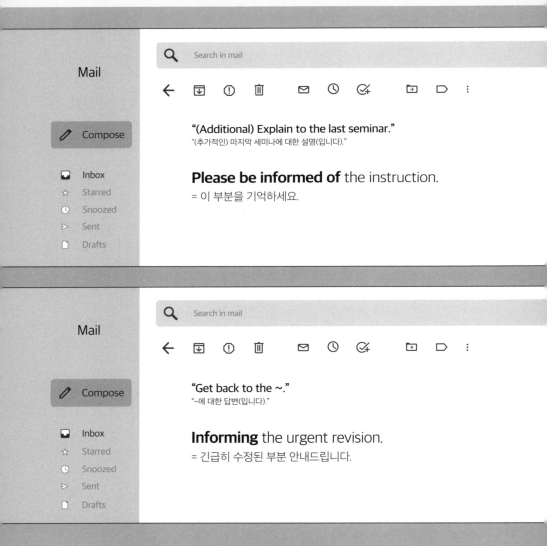

"(Additional) Explain to the last seminar."
"(추가적인) 마지막 세미나에 대한 설명(입니다)."

Please be informed of the instruction.
= 이 부분을 기억하세요.

"Get back to the ~."
"~에 대한 답변(입니다)."

Informing the urgent revision.
= 긴급히 수정된 부분 안내드립니다.

[이메일 주요 표현]

"~ 공유 부탁드립니다."

> Please share ~.

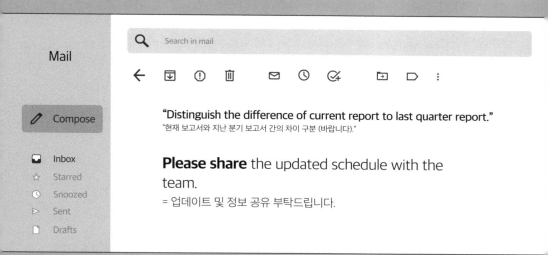

'정보 공유하기' 이메일 샘플

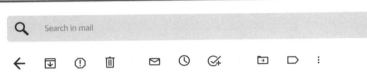

iHealth Test Kits - Please read the update below from the supplier.

Goodafternoon,all,
I hope you are having a wonderful week!

I am informing the urgent revision of using our iHealth kit. it was brought to our attention that branches were receiving test kits with the same lot number that we asked you not to use.
There is an issue with the ones with the expiration date of 2022-09-07 only. You will be receiving other kits with the same lot number, but different expiration, and those kits are good. Please hold on to the bad supply since we are still waiting for direction on how to dispose of these kits and **please be informed of** the updated instruction.

Thank you,
Tom

Mail

 Compose

 Inbox
☆ Starred
🕐 Snoozed
▷ Sent
📄 Drafts

Labels

Q Search in mail

←   🗑 ✉ 🕐   :

iHealth Test Kits - 최신 갱신된 정보를 숙지하세요.

부서분들께 ,
즐거운 주를 보내시고 있기를 바랍니다!

iHealth 자가 진단 키트에서 급하게 수정된 정보를 **전달드립니다.** 이번에 받은 테스트 키트에 잘못이 있다고 판단되어 안내드립니다. 유효기간이 9월 7일이라고 적힌 키트에만 문제가 있습니다. 받은 키트 중에서 같은 번호라도 다른 유효기간이라면 사용해도 괜찮습니다. 사용하지 말아야 하는 키트는 가지고 계시고 처분에 대한 설명은 추가로 업데이트 **하도록 하겠습니다.**

감사합니다.
톰

10. 스케줄 정하기

[이메일 주요 표현]

"~으로 스케줄을 정했으면 합니다."

> I would like to book a schedule for ~.

"~ 가 가능하다면 방문하실 수 있으신가요?"

> If the ~ works for you, are you able to visit?

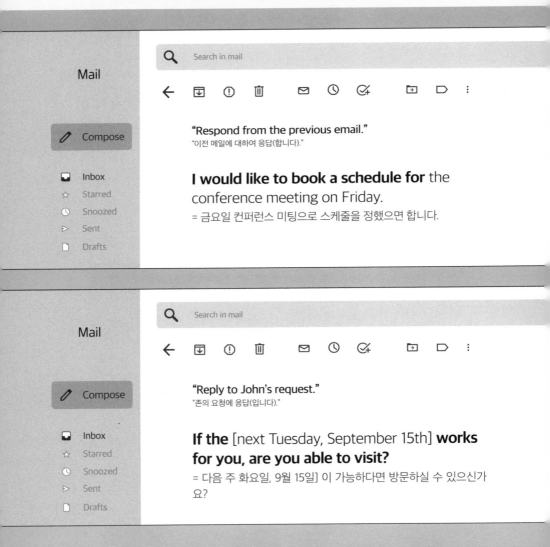

Mail

Q Search in mail

"Respond from the previous email."
"이전 메일에 대하여 응답(합니다)."

I would like to book a schedule for the conference meeting on Friday.
= 금요일 컨퍼런스 미팅으로 스케줄을 정했으면 합니다.

Compose

Inbox
Starred
Snoozed
Sent
Drafts

Mail

Q Search in mail

"Reply to John's request."
"존의 요청에 응답(입니다)."

If the [next Tuesday, September 15th] **works for you, are you able to visit?**
= 다음 주 화요일, 9월 15일] 이 가능하다면 방문하실 수 있으신가요?

Compose

Inbox
Starred
Snoozed
Sent
Drafts

[이메일 주요 표현]

" ~ 가능하실까요? 그렇다면 바로 초대장을 보내겠습니다."

> If you are available on ~, I will send you the invitation/link.

"만약 ~하다면 스케줄 재조정할 수 있도록 알려주십시오."

> If ~, please let me know so that we can rearrange our meeting.

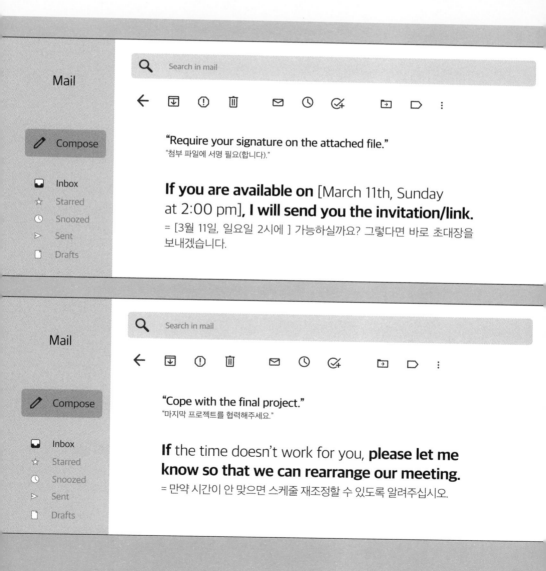

Mail

Q Search in mail

← 🔽 ⓘ 🗑 ✉ 🕐 ☑ 📥 🏷 ⋮

Compose

📥 Inbox
☆ Starred
🕐 Snoozed
▷ Sent
📄 Drafts

"Require your signature on the attached file."
"첨부 파일에 서명 필요(합니다)."

If you are available on [March 11th, Sunday at 2:00 pm], **I will send you the invitation/link.**
= [3월 11일, 일요일 2시에] 가능하실까요? 그렇다면 바로 초대장을 보내겠습니다.

Mail

Q Search in mail

← 🔽 ⓘ 🗑 ✉ 🕐 ☑ 📥 🏷 ⋮

Compose

📥 Inbox
☆ Starred
🕐 Snoozed
▷ Sent
📄 Drafts

"Cope with the final project."
"마지막 프로젝트를 협력해주세요."

If the time doesn't work for you, **please let me know so that we can rearrange our meeting.**
= 만약 시간이 안 맞으면 스케줄 재조정할 수 있도록 알려주십시오.

[이메일 주요 표현]

"~로 인해서, 다음 주로 일정을 미뤄야 할 것 같습니다."
> Due to ~, I should postpone next week meeting.

"~로 일정을 조정해야 한다고 말씀드려야 할 거 같습니다."
> I should inform you we need to rearrange ~.

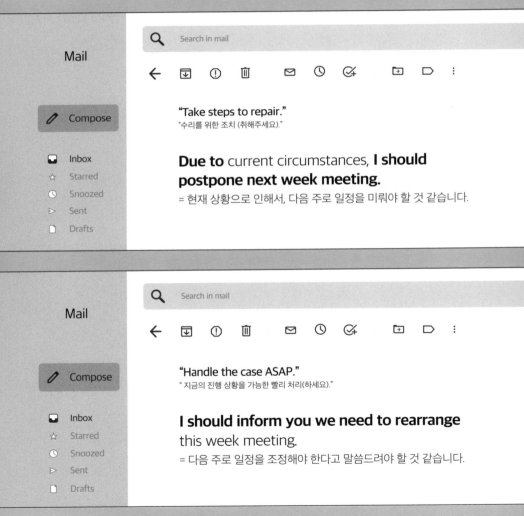

Mail

Q Search in mail

"Take steps to repair."
"수리를 위한 조치 (취해주세요)."

Due to current circumstances, **I should postpone next week meeting.**
= 현재 상황으로 인해서, 다음 주로 일정을 미뤄야 할 것 같습니다.

✎ Compose
📥 Inbox
☆ Starred
🕐 Snoozed
▷ Sent
📄 Drafts

Mail

Q Search in mail

"Handle the case ASAP."
" 지금의 진행 상황을 가능한 빨리 처리(하세요)."

I should inform you we need to rearrange this week meeting.
= 다음 주로 일정을 조정해야 한다고 말씀드려야 할 것 같습니다.

✎ Compose
📥 Inbox
☆ Starred
🕐 Snoozed
▷ Sent
📄 Drafts

* ASAP: As Soon As Possible

[이메일 주요 표현]

"일정을 ~ 하고 싶습니다."

> I would like to ~ a schedule

"~ 재차 요청하게 되어 죄송스럽습니다."

> My apology for requesting ~ again

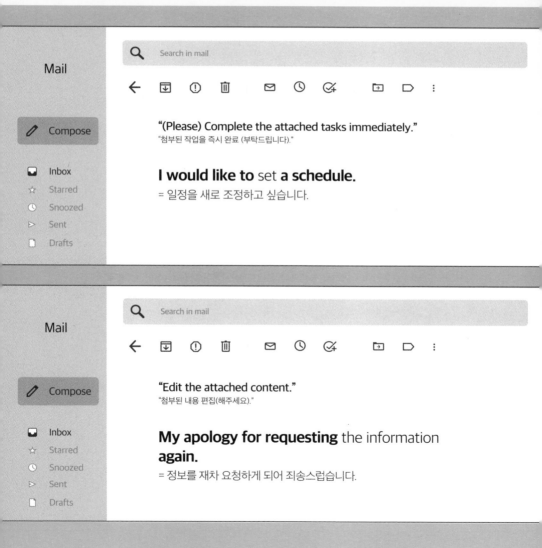

Mail

🔍 Search in mail

✏ Compose

📥 Inbox
☆ Starred
🕐 Snoozed
▷ Sent
📄 Drafts

"(Please) Complete the attached tasks immediately."
"첨부된 작업을 즉시 완료 (부탁드립니다)."

I would like to set a schedule.
= 일정을 새로 조정하고 싶습니다.

Mail

🔍 Search in mail

✏ Compose

📥 Inbox
☆ Starred
🕐 Snoozed
▷ Sent
📄 Drafts

"Edit the attached content."
"첨부된 내용 편집(해주세요)."

My apology for requesting the information again.
= 정보를 재차 요청하게 되어 죄송스럽습니다.

'스케줄 정하기' 이메일 샘플

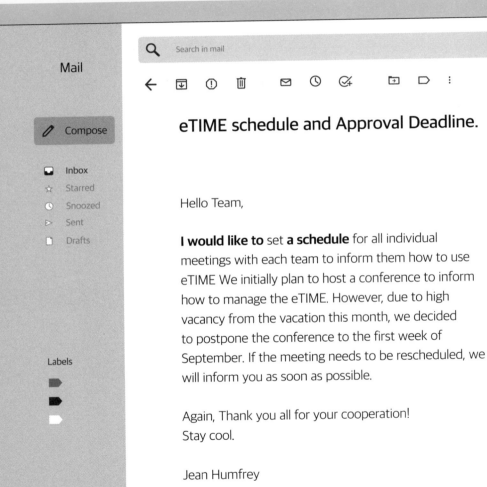

Mail

Q Search in mail

✎ Compose

📥 Inbox
☆ Starred
🕐 Snoozed
▷ Sent
📄 Drafts

eTIME 스케줄과 확인 일정.

팀원 여러분께.

eTIME을 어떻게 쓰는지에 관련된 스케줄을 모든 팀원들과 **약속을 잡으려 합니다.** 처음 계획은 컨퍼런스를 해서 eTIME을 활용하는 방법을 안내해드리려 했습니다. 하지만 많은 휴가로 인해서 9월 첫째 주로 미팅을 미루기로 정하였습니다. 미팅이 정해지는 대로 빨리 안내드리겠습니다.

모두의 협조에 감사합니다.
시원한 여름 보내세요.

Jean Humfrey,

Labels
🚩
🚩
🏳

4.

[결론]
정중하게
마무리 하기

이메일은 나 자신이 아닌 나의 회사, 그룹을 대표하는 것이기도 하다. 이메일 수신에 꼭 마감하는 단어 best, sincerely, Thank you 등을 사용해서 형식을 맞춰주도록 하자.

Signature라고 하여 이메일 하단에 자신의 직책 및 회사를 소개하는 카테고리가 있다. 자신의 회사 직책 및 회사 사이트를 저장해두고 이메일을 보낼 때 함께 보내는 것이 좋다.

1. 이메일을 마무리할 때 가장 많이 사용하는 표현 TOP 4

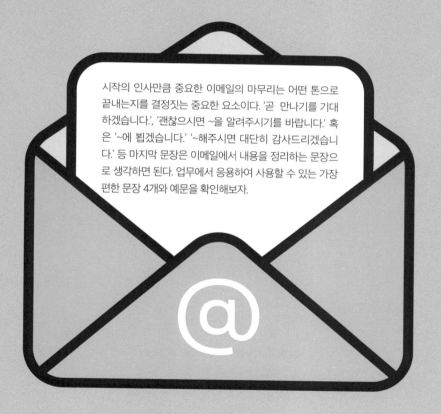

시작의 인사만큼 중요한 이메일의 마무리는 어떤 톤으로 끝내는지를 결정짓는 중요한 요소이다. '곧 만나기를 기대하겠습니다.', '괜찮으시면 ~을 알려주시기를 바랍니다.' 혹은 '~에 뵙겠습니다.' '~해주시면 대단히 감사드리겠습니다.' 등 마지막 문장은 이메일에서 내용을 정리하는 문장으로 생각하면 된다. 업무에서 응용하여 사용할 수 있는 가장 편한 문장 4개와 예문을 확인해보자.

1) I look forward to ~ing

'~을 기대하겠습니다'라는 표현으로 'to' 뒤에 '~ing'를 붙여줘야 한다.

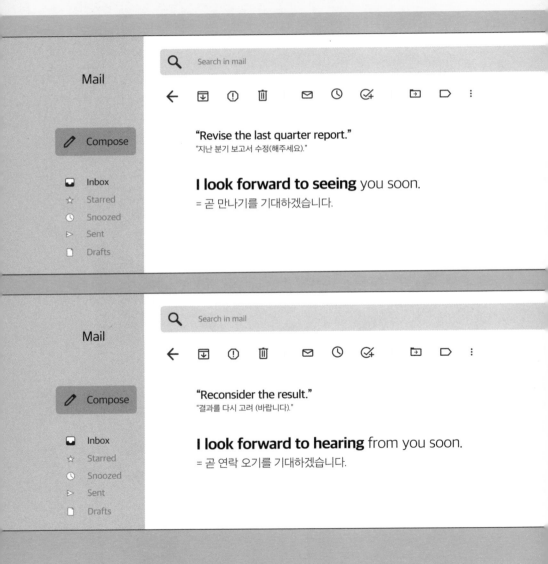

"Revise the last quarter report."
"지난 분기 보고서 수정(해주세요)."

I look forward to seeing you soon.

= 곧 만나기를 기대하겠습니다.

"Reconsider the result."
"결과를 다시 고려 (바랍니다)."

I look forward to hearing from you soon.

= 곧 연락 오기를 기대하겠습니다.

2) Please let me know if ~

'~하다면 ~ 알려주시기를 바랍니다'라는 표현으로 'if' 뒤에 '주어+동사'의 문장을 붙여 줘야 한다.

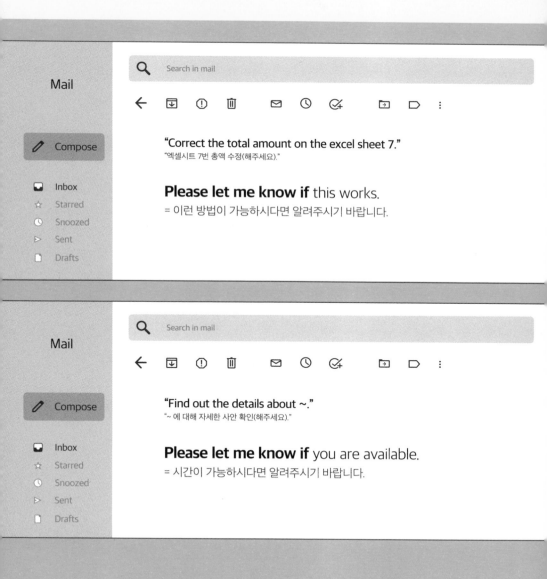

"Correct the total amount on the excel sheet 7."
"엑셀시트 7번 총액 수정(해주세요)."

Please let me know if this works.
= 이런 방법이 가능하시다면 알려주시기 바랍니다.

"Find out the details about ~."
"~ 에 대해 자세한 사안 확인(해주세요)."

Please let me know if you are available.
= 시간이 가능하시다면 알려주시기 바랍니다.

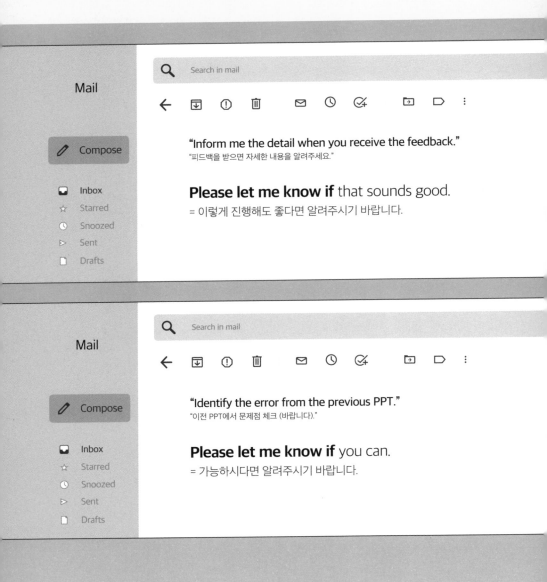

Mail

Q Search in mail

← ⤓ ⊘ 🗑 ✉ 🕐 ✅ ⤷ ▷ ⋮

✏ Compose

📥 Inbox
☆ Starred
🕐 Snoozed
▷ Sent
📄 Drafts

"Discriminate the difference from ~ to -."
" ~에서 -로 차이점 구별 (바랍니다)."

Please let me know if you need to reschedule.

= 다시 스케줄을 정해야 한다면 알려주시기 바랍니다.

3) See you on ~

'~에 뵙겠습니다'라는 표현으로 'on' 뒤에 구체적인 미팅 날짜나 요일을 붙여야 한다.

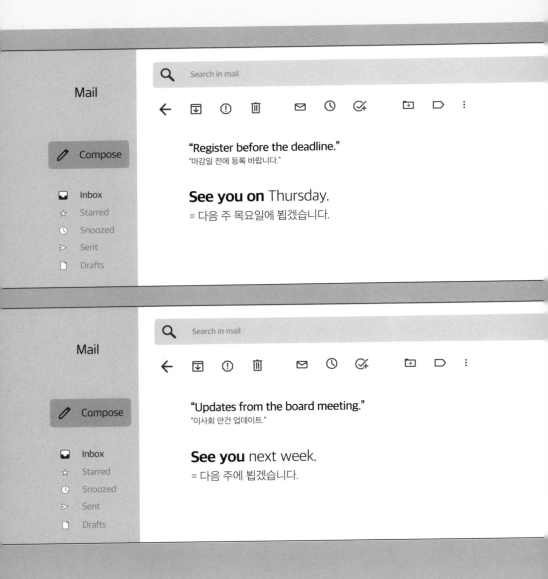

4) I would appreciate ~

'~해주시면 대단히 감사드리겠습니다.' 라는 표현으로 'appreciate' 뒤에는 전치사 없이
바로 명사를 붙여준다.

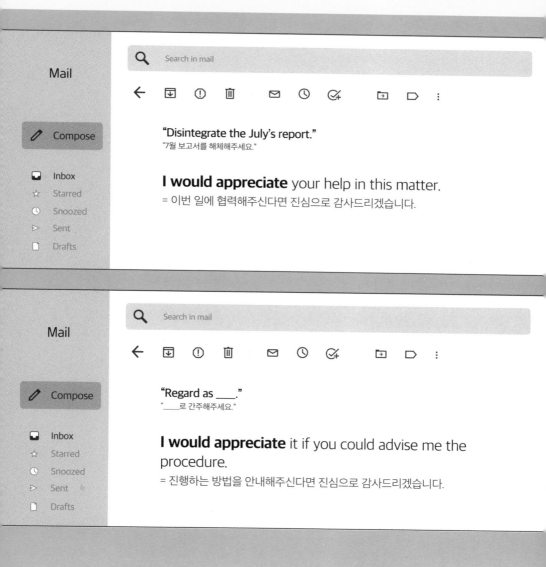

Mail

Q Search in mail

← ⊡ ① 🗑 ✉ 🕐 🗹 ➡ ▭ ⋮

🖊 Compose

📥 Inbox
☆ Starred
🕐 Snoozed
▷ Sent
🗋 Drafts

"Disintegrate the July's report."
"7월 보고서를 해체해주세요."

I would appreciate your help in this matter.
= 이번 일에 협력해주신다면 진심으로 감사드리겠습니다.

Mail

Q Search in mail

← ⊡ ① 🗑 ✉ 🕐 🗹 ➡ ▭ ⋮

🖊 Compose

📥 Inbox
☆ Starred
🕐 Snoozed
▷ Sent
🗋 Drafts

"Regard as ___."
"___로 간주해주세요."

I would appreciate it if you could advise me the
procedure.
= 진행하는 방법을 안내해주신다면 진심으로 감사드리겠습니다.

2. 이메일 끝맺기

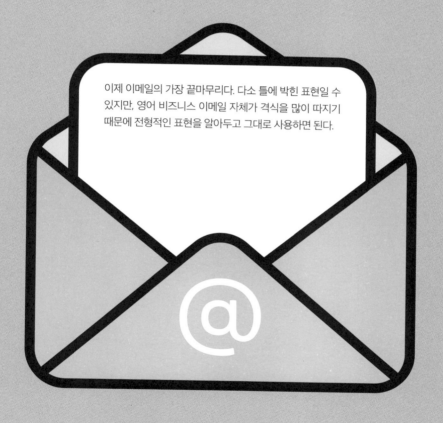

이제 이메일의 가장 끝마무리다. 다소 틀에 박힌 표현일 수 있지만, 영어 비즈니스 이메일 자체가 격식을 많이 따지기 때문에 전형적인 표현을 알아두고 그대로 사용하면 된다.

1) 정중한 톤으로 이메일 끝내기

가장 정중하게 쓰이는 표현으로 Sincerely가 들어갈 경우 공문서나, 학교 등 회사에서 커뮤니케이션할 때 사용하기보다는 아주 중요한 정보를 전달하는 경우에 사용되며 전체 이메일 모두가 받는 이메일을 보낼 때 가장 많이 사용한다.

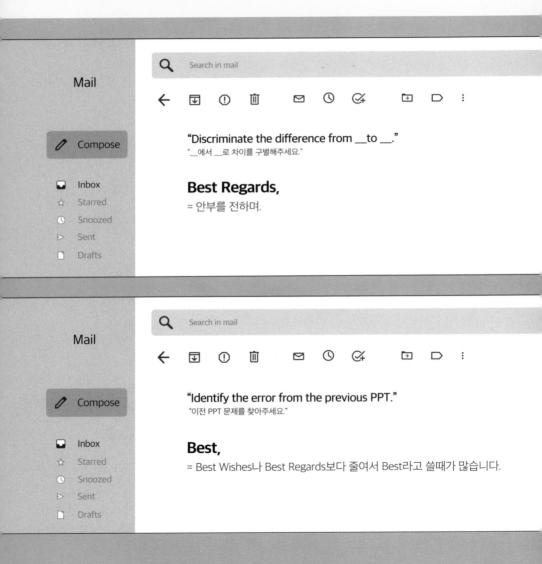

Mail

Search in mail

"Discriminate the difference from __to __."
"__에서 __로 차이를 구별해주세요."

Best Regards,

= 안부를 전하며.

Compose

Inbox
Starred
Snoozed
Sent
Drafts

Mail

Search in mail

"Identify the error from the previous PPT."
"이전 PPT 문제를 찾아주세요."

Best,

= Best Wishes나 Best Regards보다 줄여서 Best라고 쓸때가 많습니다.

Compose

Inbox
Starred
Snoozed
Sent
Drafts

Mail

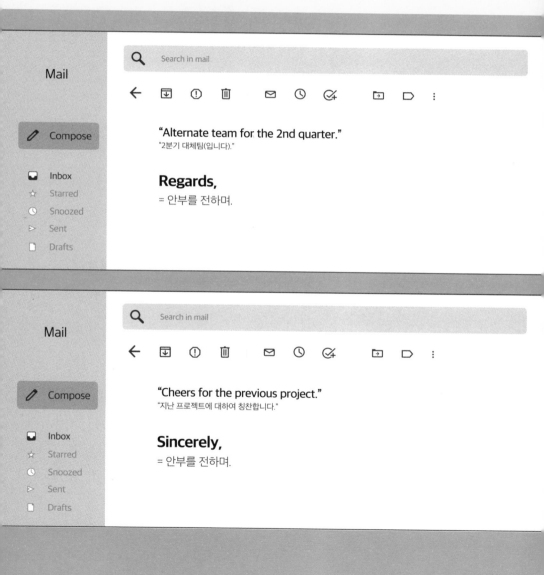

Search in mail

←

"Alternate team for the 2nd quarter."
"2분기 대체팀(입니다)."

Regards,

= 안부를 전하며.

Mail

Search in mail

←

"Cheers for the previous project."
"지난 프로젝트에 대하여 칭찬합니다."

Sincerely,

= 안부를 전하며.

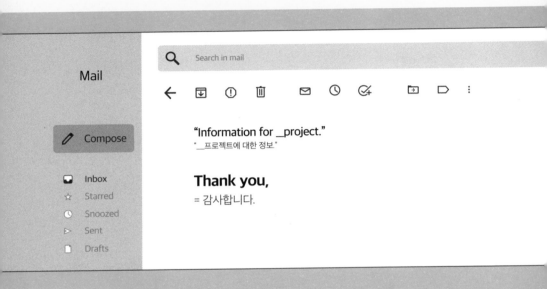

Mail

🔍 Search in mail

✏️ Compose

📥 Inbox
☆ Starred
🕐 Snoozed
▷ Sent
🗋 Drafts

"Information for __project."
"__프로젝트에 대한 정보."

Thank you,

= 감사합니다.

2) 캐주얼한 톤으로 이메일 끝내기

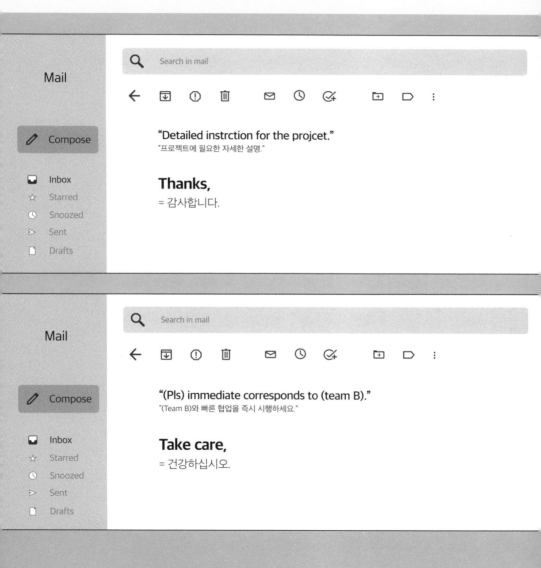

"Detailed instrction for the projcet."
"프로젝트에 필요한 자세한 설명."

Thanks,
= 감사합니다.

"(Pls) immediate corresponds to (team B)."
"(Team B)와 빠른 협업을 즉시 시행하세요."

Take care,
= 건강하십시오.

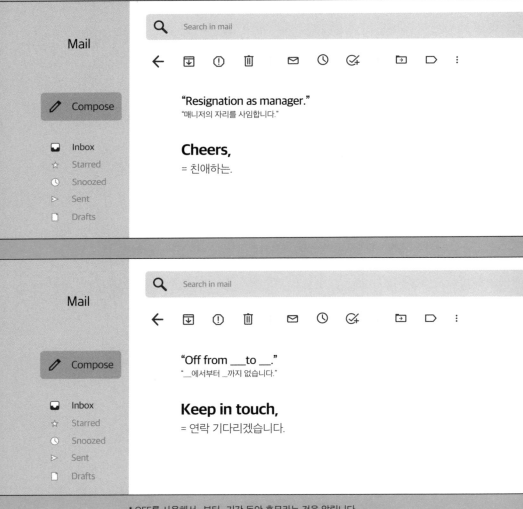

"Resignation as manager."
"매니저의 자리를 사임합니다."

Cheers,
= 친애하는.

"Off from ___to __."
"__에서부터 _까지 없습니다."

Keep in touch,
= 연락 기다리겠습니다.

* OFF를 사용해서 -부터 -기간 동안 휴무라는 것을 알립니다.

Mail

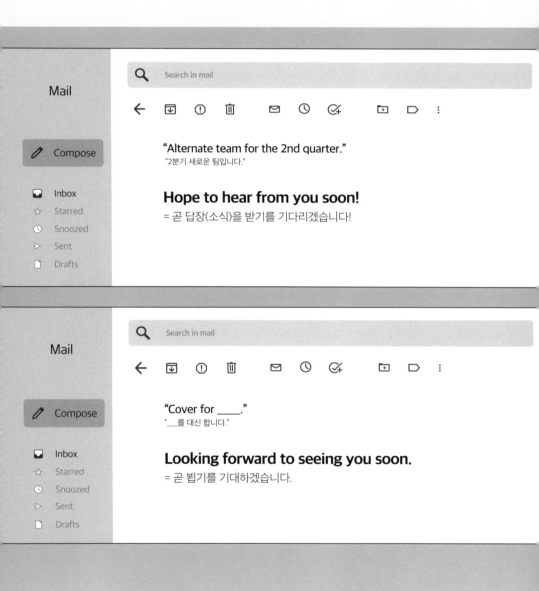

Q Search in mail

← 📥 ① 🗑 ✉ 🕐 ☑ 📤 🏷 ⋮

"Alternate team for the 2nd quarter."
"2분기 새로운 팀입니다."

Hope to hear from you soon!

= 곧 답장(소식)을 받기를 기다리겠습니다!

Mail

Q Search in mail

← 📥 ① 🗑 ✉ 🕐 ☑ 📤 🏷 ⋮

"Cover for ____."
"___를 대신 합니다."

Looking forward to seeing you soon.

= 곧 뵙기를 기대하겠습니다.

Compose

- 📥 Inbox
- ☆ Starred
- 🕐 Snoozed
- ▷ Sent
- 📄 Drafts

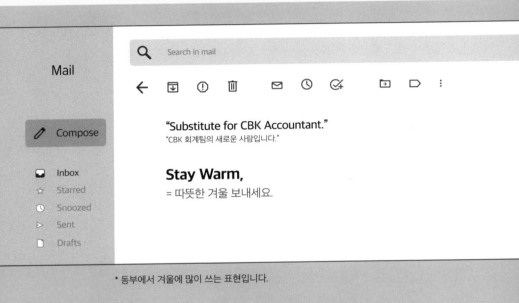

Mail

🔍 Search in mail

✏️ Compose

📥 Inbox
⭐ Starred
🕐 Snoozed
▷ Sent
📄 Drafts

"Substitute for CBK Accountant."
"CBK 회계팀의 새로운 사람입니다."

Stay Warm,
= 따뜻한 겨울 보내세요.

* 동부에서 겨울에 많이 쓰는 표현입니다.

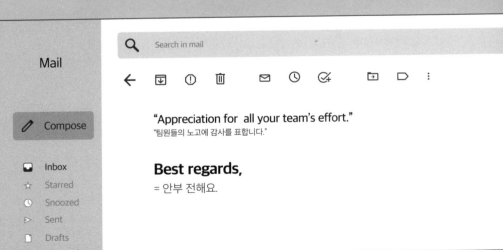

Mail

🔍 Search in mail

✏️ Compose

📥 Inbox
⭐ Starred
🕐 Snoozed
▷ Sent
📄 Drafts

"Appreciation for all your team's effort."
"팀원들의 노고에 감사를 표합니다."

Best regards,
= 안부 전해요.

* 형식적인 이메일에도 많이 쓰이는 표현입니다.

3. Signature

이메일의 맨 마지막 마무리 단어 후에는 자신의 이름과 직위를 쓰도록 한다.
이메일에서는 이 부분을 자신의 signature라고 하는데 회사의 로고나 자신의 고유 번호(자격증 번호)를 적어두거나, 아니면 홍보하고 싶은 URL을 걸어서 마지막 인사를 정리하기도 한다.

이메일의 맨 마지막 마무리 단어 후에는 자신의 이름과 직위를 쓰도록 한다. 이메일에서는 이 부분을 자신의 signature라고 하는데 회사의 로고나 자신의 고유 번호(자격증 번호)를 적어두거나, 아니면 홍보하고 싶은 URL을 걸어서 마지막 인사를 정리하기도 한다.

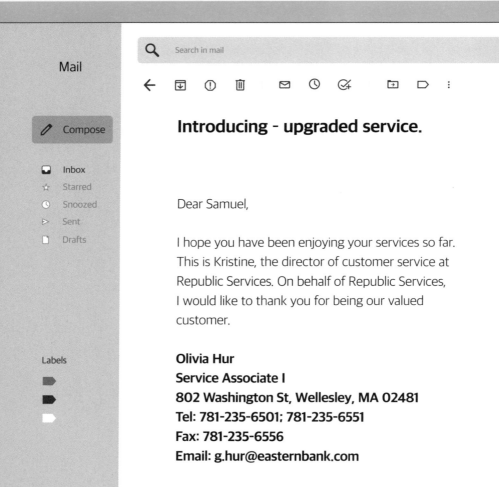

Mail

Search in mail

Introducing - upgraded service.

Compose

Inbox
Starred
Snoozed
Sent
Drafts

Dear Samuel,

I hope you have been enjoying your services so far.
This is Kristine, the director of customer service at
Republic Services. On behalf of Republic Services,
I would like to thank you for being our valued
customer.

Labels

Olivia Hur
Service Associate I
802 Washington St, Wellesley, MA 02481
Tel: 781-235-6501; 781-235-6551
Fax: 781-235-6556
Email: g.hur@easternbank.com

Mail

Search in mail

Compose

Inbox
Starred
Snoozed
Sent
Drafts

개선된 서비스를 설명드립니다.

사무엘에게,

저희 서비스 이용에 만족하셨기를 바랍니다. 저는 Republic Service의 고객센터 매니저 크리스틴 입니다. 저희 Republic Service팀을 대표해서 꾸준한 저희 고객이 되주심에 감사의 말씀을 드립니다.

Labels

Olivia Hur 올림
Service Associate I
802 Washington St, Wellesley, MA 02481
Tel: 781-235-6501; 781-235-6551
Fax: 781-235-6556
Email: g.hur@easternbank.com

5.

[이메일 공식]
그대를 위한
이메일 치트키

Mail

Q Search in mail

← ⬇ ⓘ 🗑 ✉ 🕐 ☑ ➕ 🏷 ⋮

✏ Compose

📥 Inbox
☆ Starred
🕐 Snoozed
▷ Sent
📄 Drafts

[제목] Subject Line of Email Message: 제목 선정
-문장의 형식에 상관없이 주요한 단어로 명사 혹은 동사로 시작
해도 된다.

[인사] 이름 혹은, Mr. Mrs. (Last name)
Dear Mr./Ms. Last Name or Dear Hiring Manager:

[서론] 간단한 소개
First Paragraph:
간단한 소개로 시작하는 첫 문장과 가장 중요한 내용을 정리하
여 쓴다.

Labels
▶
▶
▶

[본론] 업무 설명 / 이메일 쓰는 이유
Middle Paragraph:
디테일한 업무에 대한 내용을 정리한다.

[결론] Final Paragraph:
첨부파일이 있을 경우 파일 유무에 대해서 안내한다.

[끝인사] Closing:
Thank you, 혹은 정중한 내용일 경우, Sincerely,
마지막 본인 이름 및 담당하는 부서

[연락처] Signature: 이름 전화번호 Linked in이나 본인을 나타낼 수 있는
URL을 첨부한다.

Mail

Q Search in mail

✏️ Compose

📥 Inbox
☆ Starred
🕐 Snoozed
▷ Sent
📄 Drafts

Labels

← 📥 ❗ 🗑️ ✉️ 🕐 ✅ 📂 🏷️ ⋮

[제목] Subject line: **Inquiry of** Adjunct Faculty position- Brianna Clumber.

제목: 겸임교수 공고에 대한 질문

[인사] Dear Dr. Reginald,

Dr. Reginald님께,

[서론] **I am writing to inquire about** a position as a teacher assistant at your university. I was given your name by Dr. Nelson, who was one of my professors at the University of Northern Realms. This summer, I will be moving to your area. Thus, **I was wondering if I could** learn more about the position.

겸임교수 공고에 관하여 여쭤볼 사안이 있어 문의드립니다. 교수님의 연락처는 Dr.Nelson님께 받았습니다. 이번 여름 캠퍼스 근처로 이사를 가게 되었습니다. 만약 가능하시다면 채용 중이신 공고에 대하여 이야기하고 싶습니다.

[본론] **I believe it would be helpful for** your team **since I have** a master's degree in Indigenous Studies from the University of Northern Realms, and I assisted with several classes while fishing for my degree. In addition, I am interested in learning more about your Ph.D. program in North American History.

저는 대학원 학사를 University of Northern Realms에서 받았고 Indigenous Studies를 전공하였기 때문에 제가 팀에 합류하는 것은 많은 도움이 될 것이라고 생각합니다. 저는 석사 학위를 받으면서 여러 수업에도 기여하였습니다. 또한 North American History에 대한 박사 학위에도 관심이 있습니다.

[결론] **Please see the attached** resume for your perusal **and let me know if** you would like to discuss details on my resume. **I would appreciate** it if I can learn more about the program and be able to discuss it with you. Thank you for your time, and I hope to hear from you soon.

첨부된 저의 이력서를 보시고 궁금하신 사안이 있으시면 연락 주세요. 이 공고에 관련되서 이야기를 할 수 있는 기회가 있다면 감사하겠습니다. 시간 내주셔서 감사하고, 연락 기다리겠습니다.

[끝인사] **Sincerely,**
Brianna Clumber

안부를 전하며
Brianna Clumbe

[연락처] Brianna Clumber
Brianna.clumber@email.com
555-123-4567
Linedin.com/briannaclumber

아주 쉬운 영어 이메일 공식

2023년 3월 2일 초판 1쇄 발행

지 은 이 ǀ 허지윤
펴 낸 이 ǀ 서장혁
책임편집 ǀ 토마토출판사
디 자 인 ǀ 이새봄

펴 낸 곳 ǀ 토마토출판사
주　　소 ǀ 서울시 마포구 양화로161 케이스퀘어 727호
T E L ǀ 1544-5383
홈페이지 ǀ www.tomato4u.com
E-mail ǀ story@tomato4u.com
등　　록 ǀ 2012. 1. 11.
I S B N ǀ 979-11-92603-17-9 (13740)